AF555173

1920.

LA VIE
A
BON MARCHÉ
OU
UNE SOLUTION HONNÊTE

PAR JORET
REPRÉSENTANT DU PEUPLE

PARIS
A LA LIBRAIRIE NOUVELLE
Maison de *l'Événement*
15, BOULEVARD DES ITALIENS

1851

PARIS. — IMPRIMERIE GERDÈS,
14, rue Saint-Germain-des-Prés.

« Pour qu'un gouvernement se fonde, il ne faut pas qu'il empêche la société de périr; il faut qu'il délivre la société de la crainte quotidienne de périr, et qu'il lui ouvre la perspective d'une vie tranquille et longue. »

M. GUIZOT, préface de *la Fondation de la République*.

« *Le but le plus noble et le plus digne d'envie d'une âme élevée n'est point de rechercher, quand on est au pouvoir, par quels expédients on s'y perpétuera; mais de veiller sans cesse aux moyens de consolider, à l'avantage de tous, les principes d'autorité et de morale qui défient les passions des hommes et l'instabilité des lois.... Oui, entendons-nous, afin que ce ne soit jamais la surprise et la violence qui décident du sort d'une grande nation. Inspirons au peuple la religion du droit, en ne nous en écartant jamais nous-même.... Le peuple, en* 1852, *manifestera solennellement sa volonté nouvelle* (1). »

Devant de telles paroles, les bruits de coups d'État s'évanouissent, et les partis sont forcés de désarmer. M. le président, en répondant ainsi aux conseils d'amis imprudents, s'est, avec noblesse, interdit toute tentation d'entraînement, en même temps qu'il a marqué d'un stigmate odieux les partis qui oseraient encore en appeler à la surprise

(1) Message du président de la république.

ou à la violence. Si ce n'était assez de ces enseignements, cette grande nation, que des ingrats ne craignent pas d'insulter chaque jour, prouverait bientôt comment elle comprend le respect du droit.

Oui, en 1852, le peuple manifestera sa volonté souveraine.... Mais dès lors n'est-ce pas un devoir pour tous les citoyens, pour nous surtout qui déjà avons été honoré de la confiance du pays, de porter à sa connaissance ce que nos études nous ont fourni d'éléments propres à préparer pour tous un meilleur avenir?..... N'est-ce pas en faisant comprendre à chacun comment se peuvent réaliser les espérances des amis de l'humanité, qu'on empêchera la violence et la surprise de décider du sort de notre France?.....

Telle a toujours été notre pensée. Dès notre début dans l'Assemblée législative, elle nous avait inspiré une brochure sur les moyens de diminuer l'assistance par la prévoyance, et c'est cette même pensée qui nous a inspiré les divers articles que nous avons publiés dans la *Presse*, dont les colonnes sont ouvertes à toutes les opinions, à toutes les idées utiles au pays, grâce à l'intervention bienveillante de l'éminent fondateur de ce journal.

Toujours dans les mêmes sentiments, nous croyons devoir aujourd'hui réunir ces divers articles en y ajoutant les conclusions qui n'y étaient qu'indiquées; car, plus que jamais, nous en sommes convaincu, la vie à bon marché conduit infailliblement à la véritable, à la seule solution de toutes les difficultés qui assombrissent profondément l'avenir. La vie à bon marché, c'est la prospérité de l'agriculture; et l'agriculture prospère, c'est la richesse publique assise sur sa véritable base.

Aussi, nous qui pensons que « *c'est le bon sens qui, en politique comme ailleurs, et pour les nations comme pour les individus, donne seul le succès, le succès définitif et durable* (1), » nous avions foi dans le suffrage universel; nous avons foi dans notre pays, et nous ne craignons pas d'en appeler à tous les hommes les plus éminents, à tous ceux qui pèsent avec le plus d'autorité sur nos destinées.

Qu'ils disent s'il est un moyen plus assuré d'ouvrir la perspective d'une vie tranquille et longue, à la France de 1850, que de faire comprendre à tous les citoyens que tous les intérêts sont solidaires, et d'arriver à un état de choses qui ne laisse plus à aucun le droit d'imputer à la loi une part dans ses souffrances.....

Peut-être que, s'ils veulent approfondir sans passion, sans idées préconçues, les questions que nous n'avons pas craint de soulever, ils arriveront à reconnaître, comme nous, qu'il est possible et facile de mettre un terme aux révolutions violentes; mais, nous les en conjurons, s'ils sont soucieux de l'avenir de leur pays, qu'ils éloignent les souvenirs d'un passé déjà bien loin de nous, qu'ils reconnaissent sans tarder qu'il y a eu de leur part injustice, ingratitude, maladresse même dans la méfiance qu'ils ont témoignée dans le bon sens du pays, et ils verront bientôt que cette noble France, si facilement oublieuse de leurs fautes, ne retrouvera plus que des sentiments de reconnaissance pour le bien qu'elle leur devra.

(1) M. Guizot.

LA VIE

A

BON MARCHÉ

OU

UNE SOLUTION HONNÊTE.

I.

Dans le compte-rendu de l'exécution du décret du 3 octobre 1848, relatif à l'enseignement professionnel de l'agriculture, nous trouvons des réflexions que nous croyons utile de reproduire, car elles émanent de la pensée du gouvernement et elles prouvent à quel point nous devons nous préoccuper de la situation de l'agriculture. Les voici :

Les admirables conditions du climat de la France, de son sol, de sa température, l'esprit actif et intelligent de ses populations, la destinent, ce semble, à prendre la tête de cette marche de l'Europe dans la voie qu'elle se frayait vers une prospérité fondée sur les bases de la seule richesse stable et permanente (l'agriculture).

Malheureusement il n'en fut pas ainsi. L'industrie manufacturière, stimulée à la fois par l'essor qu'elle devait au régime du système continental, et par les privations même que lui avait imposées ce régime, prit au retour de la paix une extension considérable. *Elle absorba en grande partie l'attention et les ressources du pays.*

Le gouvernement, qui portait de préférence son intérêt vers les arts et l'industrie, ne fit pas pour l'agriculture tout ce qu'il pouvait faire, et en rompant ainsi l'équilibre entre la production et la consommation agricole et la production et la consommation industrielle, prépara, par le développement exubérant de cette dernière, ***un des plus grands périls où le pays et la société puissent se trouver engagés.***

Ainsi, M. le ministre reconnaît qu'en n'accordant pas à l'agriculture cette part équitable de protection que commandait l'intérêt de tous, on a jeté le pays dans un des plus grands périls où il puisse être engagé.

En effet, après trente-cinq années de paix, dix à douze milliards de dettes hypothécaires, de dettes chirographaires, dépassant certainement ce chiffre, ne prouvent que trop qu'au milieu de l'entraînement excité par un optimisme aveugle, ceux qui ont été chargés de diriger les affaires de notre pays ont trop longtemps méconnu ses intérêts les plus importants.

Les bras, les capitaux ont déserté nos campagnes.

D'un autre côté, est-il un homme sage qui ne soit préoccupé de l'agglomération de ces masses de citoyens, séparés de leur famille, sans lien social, toujours prêts à se laisser aller à ces entraînements de toutes les utopies, surexcités qu'ils sont par l'éclat d'un luxe dont il ne leur sera peut-être jamais donné de goûter les douceurs?

Il ne nous paraît pas possible que des hommes sérieux ne sentent pas la nécessité d'étudier profondément les causes d'une situation qui est un danger de tous les jours.

Il ne s'agit plus de jeter au pays quelques améliorations d'un résultat équivoque; il faut, et il faut, sous peine de voir la société se débattre, et périr peut-être, dans d'effroyables convulsions, travailler sérieusement à améliorer le sort de tous. Il faut développer toutes les richesses du pays... Il faut que tous les citoyens puissent trouver dans le travail (cette assistance seule digne de l'homme libre et valide) les moyens d'améliorer leur sort.

Puisque partout, enfin, l'on reconnaît les torts d'un oubli coupable, et que l'on proclame que l'agriculture est la seule richesse stable et permanente de notre pays, il importe de rechercher quels sont les moyens de l'arracher à une situation déplorable qui s'aggrave tous les jours et qui peut livrer sans défense les campagnes à ces utopistes que l'on redoute.

Déjà ne dit-on pas que le socialisme fait dans leur sein de rapides progrès?

Certes, si, parle socialisme, on prétend dire que ces populations sont prêtes à renier la religion, la famille, la propriété, nous ne craignons pas d'opposer l'incrédulité la plus absolue, la dénégation la plus formelle, à une semblable accusation.

A notre sens, l'ignorance ou la peur peuvent seules donner de l'autorité à ces assertions; car nous ne saurions penser qu'elles sont reproduites par une tactique qui se croirait habile.

Ceux qui parlent ainsi n'ont donc jamais vécu dans nos campagnes! Ceux qui disent que ses habitants repoussent la religion, n'ont jamais été témoins de tous les respects qui environnent le prêtre, fidèle à sa mission de charité!

Ils ne savent pas les sollicitudes du père pour assurer les premiers bienfaits d'une éducation chrétienne à ses enfants?

Ils n'ont pas vu, après le 24 février, dans un de ces moments où un peuple met au jour toutes ses pensées, le modeste curé de campagne, précédé de la croix, et suivi de ce peuple, la tête découverte, allant religieusement bénir cet arbre de la liberté, pour lui le symbole d'un meilleur avenir?...

Ils n'ont jamais mis les pieds dans la chaumière du pauvre, ceux qui ont pu croire qu'il renoncerait aux douceurs de la famille?

Jamais ils n'ont connu ni ses désirs, ni ses tendances de tous les instants, ni la pensée qui crée son désir le plus ardent, ceux qui disent qu'il n'a pas le respect, le culte de la propriété!

Ah! sans doute, il se trouve dans les campagnes, comme partout, des hommes que la misère peut égarer, ou qui se laissent entraîner par leurs instincts funestes; mais en améliorant le sort du malheureux, le méchant sera tellement isolé qu'il ne sera plus un danger.

Non, ce socialisme que les villes repoussent, nos campagnes n'en veulent pas davantage.

Mais, si le socialisme dont on s'effraie, ou dont on veut nous faire peur, ne les envahit pas, le mécontentement, et, par suite, l'esprit d'opposition, y font en revanche de rapides progrès.

Ce peuple des campagnes n'est plus aussi ignorant. En possession du suffrage universel, il commence à comprendre sa puissance, en même temps qu'il s'éclaire sur l'étendue de ses privations et de sa détresse.

Nos journaux pénètrent partout, et le tableau qu'ils portent, en tout lieu, des fêtes brillantes de nos cités et des richesses qui y sont accumulées; ce qu'ils disent des revenus prélevés, à l'entrée de toutes nos cités, sur les produits de la sueur et du travail, ne lui montrent le pouvoir que du côté fiscal; car ce pouvoir lui demande toujours et ne lui donne, quand le malheur l'atteint, que des secours dérisoires!

Voilà les causes réelles, incontestables du changement que l'on signale dans l'esprit de nos campagnes.

Cette situation n'a encore rien d'effrayant, mais elle nous commande des réflexions sérieuses, et nous serions bien coupables si nous n'y puisions pas un enseignement.

Beaucoup déplorent l'affaiblissement du principe d'autorité; mais est-il permis encore de nourrir à cet égard des illusions? N'est-il pas évident pour tous que le pouvoir ne saurait avoir aujourd'hui de puissance qu'en se montrant le gardien fidèle, le protecteur de tous les intérêts? N'a-t-on pas proclamé que le peuple est souverain, et un pouvoir nommé par tous ne doit-il pas agir dans l'intérêt de tous? Si l'on veut donner de la force au pouvoir, appeler sur lui cette confiance, cette affection, si nécessaires au salut de la société, qu'il se montre toujours comme le protecteur de toutes les souffrances, le gardien fidèle des intérêts de tous.

Chacun le reconnaît et le dit : la misère va croissant dans nos campagnes; les capitaux s'en éloignent; l'intérêt de l'argent n'est pas en rapport avec le revenu de la terre; l'usure voit chaque jour son empire s'agrandir.

A cela, quel remède propose-t-on?

D'abord, dit-on, c'est l'ignorance et la routine qui causent cette misère, et l'on décrète des fermes-modèles et des fermes-écoles.

Puis, les capitaux manquant, on les demande au crédit. Il faut créer des banques départementales, cantonales; il faut réformer le régime hypothécaire; enfin, il faut accroître la rigueur des lois contre l'usure.

Eh bien! nous n'admettions pas tout à l'heure que le mauvais socialisme pût devenir un danger dans nos campagnes, nous n'accordons pas davantage l'ignorance agricole dont on veut bien gratifier les cinq sixièmes de la population de la France.

Nos campagnes renferment une population intelligente, et l'agriculture, qu'on le sache bien, n'exige pas de grands efforts de génie; mais elle demande un travail pénible, constant, et de l'observation. Aussi, un de nos agriculteurs les plus distingués, *Bosc,* disait-il que l'on pouvait être un excellent agriculteur avec la pratique *sans la théorie,* tandis qu'on ne l'était jamais *avec la théorie sans la pratique.* Examinons si les faits justifient cette assertion.

Qui donc n'a pas été à même de juger des produits fabuleux qu'obtient la petite propriété? et cependant celui qui la cultive passerait pour un ignorant auprès de nos grands agronomes. Pourquoi obtient-il ces résultats? C'est que l'observation l'a suffisamment instruit; que son intérêt le stimule, que ses facultés sont en rapport avec les nécessités de son travail, c'est qu'enfin il a le plus souvent du temps de reste.

Aussi, tant que ce petit propriétaire ne dépense que son travail et sa sueur, il voit le plus souvent, grâce à une économie facultative, son capital s'améliorer; mais aussitôt qu'en augmentant son patrimoine il est obligé de payer une portion du travail de sa terre, son revenu diminue et sa gêne commence; car alors il n'a plus du temps de reste, il ne peut plus donner à la culture tous les soins qui assuraient la prospérité de ses récoltes, son revenu ne lui fournissant pas assez d'argent pour payer un auxiliaire, et si alors un sinistre vient le frapper, sa ruine est assurée.

Non, ce n'est pas l'intelligence qui manque à nos agriculteurs; mais le travail de la terre n'étant pas rémunérateur, il ne peut pas fournir un salaire que l'ouvrier va chercher soit dans nos centres de population, soit dans les grands travaux d'utilité publique.

Et l'on s'étonne que l'agriculture ne fasse pas de plus rapides progrès! et l'on s'étonne que nos campagnes se dépeuplent!

Maintenant, en organisant le crédit, soit par des banques cantonales, soit en réformant notre régime hypothécaire, peut-on changer d'une manière efficace cette situation?

Nous ne sommes pas assez aveugle pour nier les avantages du crédit et de la diminution de l'intérêt de l'argent; mais, quoi que l'on fasse, il faut que celui qui emprunte soit dans des conditions telles, que son industrie lui donne, outre les moyens d'exister, la faculté de faire des réserves. Sans cette condition, prêteurs et emprunteurs seraient bientôt ruinés. Or, dans la situation faite à l'agriculture, nous sommes parfaitement convaincu que le crédit agricole, si on parvenait à l'organiser, pourrait bien produire tout d'abord quelque amélioration dans le sort de quelques-uns, mais que cette amélioration factice serait le précurseur d'une situation beaucoup plus déplorable.

Quant à l'usure, elle est la compagne inséparable de la misère, et il est même vrai de le dire : l'usure a sauvé bien des malheureux du désespoir. Qu'on ne croie pas qu'il entre dans notre pensée de vouloir affranchir du blâme et du mépris qu'il mérite, celui qui spécule sur la misère d'autrui pour remplir son coffre-fort. Mais nous parlons des faits et nous disons que, dans la situation faite à l'agriculture, alors qu'elle n'a pas, et qu'elle ne peut pas avoir de crédit, on cherchera inutilement à atteindre l'usurier, et l'on ne parviendra à détruire son action malfaisante que lorsque l'on aura arraché le propriétaire à sa triste condition.

En résumé, à notre sens, ce qui empêche le développement de l'agriculture, ce qui nuit au crédit agricole, ce qui développe l'usure, c'est la détresse de l'agriculteur, et cette détresse tient à deux causes :

Les sinistres qui, en enlevant ses récoltes, le mettent tous les jours à la veille de sa ruine; le vil prix de ses produits qui ne lui assure pas un salaire rémunérateur de son travail, et lui fait regarder parfois l'abondance comme une calamité.

Mais si ce sont là les causes réelles de la détresse de l'agriculture, et il nous paraît impossible que l'on puisse le contester, à quoi peuvent servir, nous nous le demandons, les fermes-écoles, les instituts agricoles?

D'abord, rien qu'en nous reportant au compte-rendu dont nous avons déjà parlé, nous y trouverions la condamnation la plus évidente, la plus saisissante de ce que vaut tout ce grand étalage de la science agricole.

Comment! des exploitations dirigées par les hommes que l'on proclame les maîtres de cette science, subventionnées par l'État, encouragées par les administrations départementales, secourues par des associations, aboutissent toutes aux mêmes résultats! Que manquait-il donc au succès? La science, la foi, l'amour-propre, l'ambition, l'intérêt privé, n'étaient-ils pas en jeu, et tout cela n'a produit que des ruines! Et c'est à la science, se manifestant par de semblables résultats, que l'on irait sérieusement demander les moyens de sauver l'agriculture de cette situation, qui est un péril pour la société.

Mais y a-t-il donc beaucoup d'agriculteurs qui, s'étant laissé aller à ce désir imprudent d'améliorations, n'aient pas abouti aux mêmes résultats que ces maîtres de la science? N'est-ce pas assez d'illusions comme cela? Et d'ailleurs, supposons un moment que cette science agricole développera les prodiges que l'on nous fait espérer, M. le ministre ne nous dit-il pas, ne savons-nous pas tous le danger qu'il y aurait à développer la production au delà des besoins de la consommation?

Cette production est-elle donc insuffisante? Demandons aux agriculteurs si c'est la production qui leur fait défaut. Demandons-leur si la perspective d'un placement avantageux de leurs produits n'en augmenterait pas la quantite comme par enchantement. Demandons-leur si les prix de 1847 n'ont pas influé d'une manière sensible sur les récoltes de céréales qui ont suivi ? Nous avons assisté au développement de l'industrie manufacturière ; nous savons tous les prodiges qu'elle a réalisés, grâce à cette protection qui lui est accordée depuis bientôt un demi-siècle par tous les gouvernements qui se sont succédé dans notre pays.

Pourquoi ne demanderions-nous pas à une expérience qui a produit, il nous est bien permis de le dire, un développement exubérant, les moyens de donner à l'agriculture cette richesse, cette prospérité, qui seules peuvent aujourd'hui rétablir l'équilibre entre les besoins de la production et de la consommation? Ne serait-ce pas le moyen le plus sûr d'arriver à une solution que chacun semble désirer et qu'on n'aborde cependant jamais avec franchise?

Quand on voulut développer l'industrie manufacturière, on comprit tout d'abord qu'il importait d'assurer aux produits de nos manufactures le marché intérieur, et aussitôt un système de douanes, qualifié de protecteur, vint rassurer les industriels contre la concurrence que des produits similaires pouvaient faire aux produits de leurs fabriques. On se préoccupa de diminuer le prix des matières premières, soit par l'abaissement des tarifs, soit en créant des moyens de transport plus faciles, plus prompts, plus économiques. Saint-Étienne fut mis en possession du premier chemin de fer.

En même temps que l'on faisait tous les efforts pour encourager la production à bon marché, on facilitait les moyens de transport pour que les frais intermédiaires entre le consommateur et le producteur fussent moins considérables; mais ce n'était pas assez de tous ces avantages; on comprenait si bien que le véritable moyen d'encourager la production était de développer la consommation, que non-seulement on assurait aux produits manufacturés le marché intérieur, sans concurrence possible, sans entraves d'aucune sorte, mais encore l'on prenait sur le budget de l'État des sommes considérables pour accorder des primes à l'exportation !...

Voilà le système d'encouragement suivi à l'égard de l'industrie manufacturière. Regardons maintenant la situation faite à l'industrie agricole.

La liberté, on l'a toujours compris pour l'industrie manufacturière, est la vie du commerce. On a tout fait pour entraver la libre circulation des produits agricoles, pour empêcher les rapports directs et faciles entre le producteur et le consommateur.

Les grands centres de population servent de régulateurs pour les prix, et des droits d'autant plus élevés ont frappé les produits agricoles que le centre de population était plus important.

Chacun sait, l'expérience le démontre chaque jour, que le bon marché développe la consommation, et des lignes de douanes intérieures ont tellement élevé la valeur de nos produits que, malgré la baisse successive supportée par le producteur, le consommateur les paie toujours à un prix aussi élevé.

Ainsi, d'un côté, par suite de cette protection accordée à l'industrie manufacturière, l'agriculteur paye parfois 15, 20, 40 pour cent de plus les objets nécessaires à sa consommation, et il n'a même pas la libre disposition de ses produits. Le trésor de l'État, les caisses municipales s'évertuent à prélever sur ces produits des droits qui en maintiennent les prix, à ce point, que la consommation ne peut s'accroître que par la diminution successive du prix obtenu par le producteur.

Certainement la protection accordée à l'agriculture ne ressemble en rien à celle que reçoit l'industrie. Les résultats nous disent de quel côté se trouve la véritable.

L'industrie, qui ne pouvait constituer en France qu'une richesse secondaire, a pris un développement inouï, tandis que l'agriculteur, malgré des privations incessantes, végète dans sa misérable demeure, étranger à toutes les douceurs du luxe, heureux encore, quand, à force de privations et de labeurs, il peut conserver à ses enfants le patrimoine de ses pères.

Eh bien! veut-on sérieusement sortir d'une situation aussi déplorable, qui, d'après les expressions de M. le ministre, est un des plus grands périls où le pays et la société puissent être engagés? Veut-on, en développant la richesse agricole, assurer un immense débouché à l'industrie manufacturière? Veut-on sincèrement la vie à bon marché? Que l'on mette à profit les enseignements de l'expérience; que l'on fasse pour l'industrie agricole, richesse stable et permanente, ce que l'on a fait pour l'industrie manufacturière, cette richesse factice; que l'on ouvre à ses produits le marché intérieur; que l'on fasse disparaître tous ces droits, toutes ces entraves, qui sont une honte pour un peuple libre.

Nous avons assigné une autre cause à la détresse de l'industrie agricole : les sinistres qui, en enlevant à l'agriculture les fruits d'un long et pénible travail, la mettent chaque jour à la veille de sa ruine.

Chacun le sait : tantôt les grêles, tantôt les inondations, tantôt la perte de bestiaux, viennent séparément, et parfois simultanément, porter la ruine et le désespoir dans nos campagnes. Sous les coups de ces sinistres, s'engloutissent à jamais des capitaux que l'agriculteur avait osé engager dans des entreprises qui devaient produire ces améliorations que l'on réclame. Aussi, s'il évite une ruine complète, le découragement a bientôt succédé à ses espérances, et les capitaux prennent une autre direction.

Mais, si celui qui engage ses capitaux est exposé à de si déplorables résultats, comment serait-il possible que les capitaux étrangers consentissent à s'engager dans de pareilles entreprises? Aussi s'en éloignent-ils tous les jours davantage, et les conditions de l'emprunt sont-elles chaque jour plus onéreuses.

En revanche, ces capitaux affluent pour l'acquisition des rentes sur l'État, qui, elles du moins, rapportent un revenu toujours égal. Alors, tout le monde de crier à la prospérité du pays; et si, à cette élévation de la rente, se joint une augmentation dans le produit des impôts indirects, on ne parle plus que de prospérité croissante!...

C'est cependant cette appréciation de la fortune publique qui, après trente-cinq ans de paix, a laissé la propriété grevée de tant de milliards de dettes et dans l'état de détresse que tout le monde avoue et dont chacun se préoccupe.

Eh bien! n'importe-t-il pas de porter un remède prompt et efficace à une situation qui intéresse au plus haut degré l'avenir du pays?

Le meilleur moyen d'appeler les capitaux, n'est-il pas de leur donner des garanties? Le meilleur moyen de diriger vers nos campagnes l'esprit actif et intelligent de nos populations, n'est-il pas d'assurer à tous un salaire en rapport avec les efforts de leur intelligence et d'un pénible labeur?

Si l'on arrivait à ces résultats, nous verrions bientôt se développer la science agricole. Bientôt le crédit s'offrirait de lui-même aux populations de nos campagnes, et l'usure aurait perdu toute sa puissance malfaisante.

Quand nous disons que le meilleur moyen de ramener les capitaux à l'agriculture est de leur donner des garanties, nous ne trouverons pas de contradicteurs; chacun ne sait-il pas qu'ils s'engagent dans les chemins de fer, moyennant une garantie d'intérêt donnée par l'État. Si nous donnions une garantie analogue aux capitaux engagés dans l'agriculture, n'entrerions-nous pas dans une voie qui contribuerait puissamment à sa prospérité.

Pour cela, que faut-il? Assurer ses produits contre les fléaux qui les menacent.

Cette question, qui nous préoccupe depuis plusieurs années, a été envisagée de différentes manières. Des hommes de talent et d'étude ont proposé une organisation générale des assurances par l'État; mais, nous l'avouons, notre esprit a toujours repoussé cette idée. Elle renferme une énorme question d'expropriation et une question d'administration encore plus compliquée; de plus, comme le disait un orateur, nous ne voulons pas que l'Etat soit ni charpentier, ni agriculteur, nous ne voudrions pas davantage qu'il fût assureur.

Loin de vouloir étendre l'action directe du pouvoir, nous appelons, au contraire, de tous nos vœux, une réforme administrative et financière qui, en lui laissant cette puissance qui lui donne la faculté d'encourager, de diriger, de surveiller tous les rouages, toutes les fonctions, maintiendrait tous les avantages de la centralisation en laissant au département, à la commune, la liberté d'utiliser dans l'intérêt de ceux qui les leur confieront les ressources locales, selon leur connaissance des besoins locaux. Nous voudrions encore laisser à l'industrie particulière la faculté de servir son pays de son intelligence, de ses ressources, avec le stimulant de l'intérêt privé.

Nous voudrions que l'État encourageât l'association contre des sinistres qui, il faut bien le reconnaître, sont l'une des causes principales de la détresse agricole.

Si l'on reconnaît sincèrement que l'agriculture est la richesse stable et permanente de notre pays,

Si l'on veut développer ce travail normal qui se renouvelle sans cesse sans effort,

Si l'on veut la vie à bon marché, qu'on ne perde pas un temps précieux;

qu'on entre résolûment dans une voie féconde en résultats sérieux; que l'on hâte l'achèvement de toutes nos voies de communication; qu'on fasse disparaître sans retard ces douanes intérieures qui sont la négation de la devise sublime de la République;

Qu'on développe, qu'on encourage les associations qui, en rendant tous les citoyens solidaires du malheur de quelques-uns, seraient d'un si grand poids pour empêcher le découragement et la ruine, qui sont les véritables obstacles du progrès agricole.

On nous a beaucoup parlé de la supériorité de l'agriculture de l'Angleterre sur la nôtre. Si ceux qui ont signalé cette différence veulent bien étudier les faits, ils seront bientôt convaincus que c'est en s'efforçant de rendre le travail agricole rémunérateur que nos voisins ont obtenu ces résultats qui excitent leur admiration, et non pas par l'enseignement professionnel de l'agriculture.

Si nous repoussons cet enseignement, c'est parce que nous avons la conviction profonde qu'il ne prépare que de déplorables déceptions.

Nous repoussons l'enseignement professionnel de l'agriculture, parce que nous le croyons inutile. Nous le repoussons, parce qu'il ne servirait qu'à multiplier ces fonctions publiques, véritable fléau de notre société.

Nous le repoussons, parce qu'en donnant à l'esprit du pays une direction fausse, il peut retarder le triomphe des idées vraies.

A notre sens, la solution des questions les plus graves, les plus urgentes, de celles qui doivent préoccuper les véritables amis du progrès, de celles qui touchent à l'amélioration du sort de tous, se résume en peu de mots :

La vie à bon marché.

La vie à bon marché, en développant la consommation, assure le développement de la production.

La vie à bon marché, c'est la meilleure de toutes les lois d'assistance.

La vie à bon marché, c'est le plus grand allégement au sort du travailleur.

La vie à bon marché, c'est la production manufacturière à bon marché.

La vie à bon marché, c'est l'accroissement de la richesse du pays dans des proportions gigantesques.

Car la vie à bon marché, c'est le développement assuré de la richesse agricole, et la richesse agricole, c'est la richesse publique assise sur des bases stables et permanentes, c'est la société raffermie dans ses fondements.

Oui, la vie à bon marché, c'est le nœud gordien de notre situation, et, pour le défaire, nous n'avons pas besoin du moyen violent qui réussit à Alexandre; le secret, nous l'avons dans les mains : l'esprit et la lettre de cette Constitution tant calomniée nous l'indiquent dans chacun de ses articles. Quand nous le voudrons, il nous appartient.

II.

La vie à bon marché et le taux élevé du salaire, nous l'avons toujours compris, sont les deux termes de notre proposition ; et non-seulement leur conciliation ne nous a jamais paru chimérique, mais encore elle est à nos yeux d'une simplicité, d'une évidence telle, que nous nous demandons si réellement elle n'est pas comprise de tous, ou s'il est vrai qu'on ne veuille pas la comprendre. Nous allons dire comment nous nous l'expliquons.

La vie à bon marché, avons-nous dit, en développant la consommation, assure le développement de la production.

S'il est un fait certain, incontestable, c'est bien celui de l'augmentation de la consommation par le bon marché ; les preuves en sont tellement nombreuses qu'il est inutile d'entrer à cet égard dans aucune démonstration.

Il est tout aussi incontestable que l'augmentation de la consommation encourage, développe la production. Les abords des grands centres de population le prouvent outre mesure. Pour ne citer qu'un exemple : chacun ne sait-il pas que les prodiges de production, réalisés par les maraîchers de Paris, ont progressé en raison de l'augmentation des richesses de cette capitale? Nous croyons donc pouvoir établir que la consommation augmente en raison du bon marché, et que le développement donné à la consommation est le plus sûr encouragement à la production.

Eh bien! c'est de ces faits simples, incontestables, incontestés, que découlent tous les avantages que nous avons signalés et l'élévation des salaires. C'est parce que l'on a méconnu des vérités aussi élémentaires que nous voyons l'agriculture aux abois, et que, bien avant la révolution de février, l'industrie manufacturière succombait sous le poids d'une production exubérante. C'est qu'en effet ces deux intérêts sont étroitement liés, et nous nous demandons, depuis longtemps, comment des hommes sérieux ont pu s'arrêter à de misérables questions de rivalité entre le Nord et le Midi, quand il était si facile de voir que ces luttes n'avaient d'autres causes que les intérêts les plus restreints, les plus égoïstes, les moins dignes d'occuper la pensée des hommes d'État.

Rien qu'à envisager les produits de nos divers départements, ne devient-il pas évident qu'il est facile de créer à l'intérieur un mouvement commercial immense qui triplerait, décuplerait la circulation et augmenterait ainsi dans une proportion immense la richesse publique?

Quand nous disons que les intérêts agricoles et les intérêts manufacturiers sont intimement liés, avons-nous besoin de le prouver? Que faut-il aux uns et aux autres? Des consommateurs. Dans quelle proportion la population manufacturière est-elle avec la population agricole? Dans la proportion d'un à six. C'est donc la prospérité agricole qui assurera la prospérité de l'industrie. Le débouché de la production manufacturière sera d'autant plus prompt, d'autant plus certain que, d'une part, ces produits arriveront à meilleur marché au consommateur, et que celui-ci, c'est-à-dire le cultivateur, sera plus en état de les payer.

Eh bien! si nos appréciations ne nous trompent pas, il semble que l'on a cherché tous les moyens les plus propres à paralyser ce mouvement commercial intérieur, ce développement inouï de richesse. Inutilement la Providence a semblé prendre soin de former notre France pour cette unité, qui était une garantie de prospérité comme elle est une cause de puissance, on dirait que nous nous sommes efforcés de neutraliser ces bienfaits. Oui, l'on dirait que nous avons fait une étude particulière pour immobiliser la production.

Seulement, lorsqu'une commotion violente vient nous avertir des dangers de notre situation, nous paraissons nous en préoccuper; nous gémissons sur la détresse de l'industrie, nous avouons la misère de nos campagnes, nous convenons que les bras et les capitaux les désertent; nous regardons avec effroi ces populations qui affluent dans nos grandes cités et qui offrent, côte à côte, le tableau de la plus affreuse misère et du luxe le plus effréné.

Mais pourquoi ces populations affluent, pourquoi les capitaux désertent les campagnes, on n'a pas souci de le rechercher, ou mieux, on craint de s'arrêter sur ce terrain. C'est qu'il est impossible de creuser ces questions sans arriver à cette démonstration que, quoi que disent nos grands orateurs de l'admiration de l'Europe pour notre système financier, ce système n'est que fiscal; que jamais il n'a eu souci de l'intérêt du pays; qu'il est ruineux pour la fortune publique, et que tout son mérite est de dissimuler les charges énormes qu'il fait supporter aux contribuables.

N'avons-nous pas entendu M. le ministre des finances exalter la sollicitude du gouvernement pour les intérêts agricoles, annonçant avec emphase, pour sauver les transactions si morales de la Bourse d'un droit de 5 centimes par 100 francs, que la propriété serait dégrevée de 27 millions d'impôts, c'est-à-dire d'un dixième de l'impôt foncier? Ainsi, celui qui paie 30 fr. sera dégrevé de 3 fr.; en sera-t-il moins pauvre? Celui qui paie 100 fr. sera-t-il plus aisé, parce qu'il paiera 10 fr. de moins, 20 centimes par semaine? S'il n'a pas mieux à attendre, bien certainement il ne lui sera pas possible d'élever le salaire du travailleur.

La vie à bon marché produirait un autre résultat, car le salaire de l'ouvrier de nos campagnes s'élèvera alors que les produits agricoles auront un débouché plus considérable, plus avantageux, alors que la propriété aura un revenu assuré.

Le salaire de l'ouvrier des manufactures s'élèvera également, d'abord par le seul fait du bon marché des objets de consommation, et ensuite par l'activité donnée à la fabrication.

Nous allons essayer de rendre cela évident pour tous.

L'une des deux causes auxquelles nous avons attribué la détresse agricole est le vil prix des produits du sol. Il paraît impossible, au premier abord, de faire coïncider l'élévation de la valeur de ces produits avec notre proposition : *la vie à bon marché*. Il n'en est rien cependant. En effet, que se passe-t-il? Dans le même moment où le cultivateur est réduit à la misère par la baisse progressive des objets qu'il livre à la consommation, le consommateur les paie toujours à un prix énorme dans les centres de population les plus considérables, dans ceux-là où le bon marché exercerait la plus avantageuse influence.

Ce fait se produit-il pour un seul objet manufacturé? Non. C'est donc précisément pour les objets de première nécessité, dont la consommation est obligée, qu'il a lieu. Mais un fait qui se produit exceptionnellement, qui se produit sur tous les objets placés dans les mêmes conditions, pourrait-il être attribué à une autre cause qu'aux conditions qui lui sont imposées?

Les céréales seules circulent librement. Le prix qu'obtient le producteur n'est-il pas toujours en rapport avec le prix payé par le consommateur?

Nos adversaires nous arrêtent et nous disent : Vous voyez que, malgré cette liberté, les prix sont tellement faibles que le producteur ne retrouve pas le prix de son travail. Nous en convenons ; mais il reste toujours ce fait que les céréales n'étant assujetties à aucune entrave, à aucun droit d'octroi, arrivent au consommateur à un prix parfaitement en rapport avec celui qu'obtient le producteur ; maintenant, que ces prix soient au-dessous de ce qu'ils étaient, cela tient évidemment à plusieurs causes : la première a sa source, peut-être, dans les inquiétudes exagérées de 1847 ; en second lieu, à peine sortis d'une commotion violente, la confiance n'est pas assez suffisamment établie pour que la spéculation ose se permettre des approvisionnements ; en troisième lieu, le vil prix des céréales tient principalement à l'extrême détresse de l'agriculteur.

Nous avons dit que les intérêts agricoles et les intérêts industriels se liaient étroitement : cette union est encore plus intime dans les intérêts divers de l'agriculture. La richesse agricole ne se compose pas d'un seul produit. Supposons un instant que la récolte des céréales soit dépréciée par une production qui dépasse les besoins de la consommation, ou par toute autre cause, mais que les vins et les bestiaux offrent une vente plus facile, plus avantageuse : qu'arrivera-t-il? Le marché cessera d'être encombré de ces offres incessantes qui forcent la baisse, et, sans avoir besoin de s'arrêter à toutes ces idées de greniers d'abondance, idées dangereuses si elles n'étaient pas irréalisables, des milliers de greniers conserveraient des ressources immenses pour des années moins productives. D'ailleurs la consommation des céréales n'augmenterait-elle pas par suite d'une plus grande valeur donnée aux autres produits du sol? Ne serait-ce pas là un immense débouché!

De ce qui se passe pour les céréales, il est permis de conclure que, pour les produits agricoles comme pour les produits manufacturés, les prix obtenus par les producteurs seront parfaitement en rapport avec les prix payés par les consommateurs, lorsque des droits divers et des entraves d'aucune sorte n'en gêneront la libre circulation et permettront les rapports faciles entre les uns et les autres.

Ainsi, lorsque nous vendrons la viande, sur les champs de foire, 30, 40, 50 centimes, on ne la paiera plus, dans nos centres de population, 60, 80, 1 franc 50 centimes. Nos vins, vendus 10 fr., ne se paieront plus 100 fr. et au-dessus. Mais alors la consommation ne s'accroîtra-t-elle pas forcément? Que cette augmentation fasse obtenir au producteur un débit plus facile et plus prompt, et, par suite, une augmentation sur son prix de quelques centimes par kilo pour ses bestiaux, de quelques centimes par litre de vin, sa prospérité sera certaine, alors surtout qu'il pourra assurer ses produits contre les sinistres; et, malgré cette augmentation, la vie en sera-t-elle moins à bon marché?

Dans ces conditions, soyons-en certains, le travail prendra une activité toute nouvelle dans nos campagnes. Avec l'augmentation du travail arrivera forcément, inévitablement, l'élévation du salaire; avec l'augmentation du travail et du salaire, l'augmentation de la consommation; car nous aurons appelé vingt millions de consommateurs nouveaux à prendre leur part de ces améliorations, de ces progrès, dont les avantages leur sont inconnus. La vie à bon marché aura fait pour la vie matérielle, pour le bien-être de la famille, ce que le suffrage universel avait fait pour la vie politique, c'est-à-dire élevé tous les citoyens sans en abaisser aucun.

Comme nous l'avons dit, le secret de cette solution est écrit dans la Constitution et dans le préambule qui la précède.

Maintenant, est-il possible de réaliser ses prescriptions? Non-seulement nous le croyons possible, mais encore nous le croyons facile, sous l'empire du suffrage universel; car nous sommes de ceux qui ont foi dans le bon sens du pays, nous ne saurions nous lasser de le répéter.

III.

Arrivant, du pied des Pyrénées, au milieu de tout ce que la France compte de grandes réputations, d'hommes illustres dans les sciences, dans les études, dans les finances, dans la politique, nous l'avouons, nous nous sommes pris à hésiter bien souvent, devant nos convictions les plus profondes, les plus anciennes, et nous nous demandions, avec inquiétude, si un prisme trompeur ne nous égarait pas dans nos appréciations, et si nous avions vu les faits tels qu'ils sont!

Vivant jusqu'à ce jour aux prises avec toutes les réalités de la vie; témoin des sollicitudes, des privations, des souffrances, du pénible travail de tous les jours de ce cultivateur qui excitait encore l'envie du prolétaire, nous opposions les dénégations les plus formelles à ces assertions de prospérité croissante dont on faisait naguère si grand bruit. Il nous était impossible de ne pas voir dans la situation faite au pays un immense et imminent danger pour la société; car la diffusion des lumières et le développement de cette prospérité factice, dont on était si fier, n'avait servi qu'à faire miroiter aux yeux de tous des espérances bientôt suivies de cruelles déceptions.

L'industrie périssait sous l'exubérance de la production; l'agriculture sous le poids de ses charges. On le niait!!!

Au milieu de cet optimisme, une révolution terrible, renversant, comme d'un souffle, un gouvernement que tout semblait rendre invincible, montre, cette fois, aux plus aveugles toutes les plaies de la société.

Comment croire que cette révolution si étonnante, si imprévue, ne serait pas pour tous un enseignement?

Comment ne pas croire que désormais ce serait dans le respect le plus scrupuleux des droits de chacun, dans la satisfaction donnée à tous les intérêts légitimes, dans l'observation la plus religieuse des engagements contractés à la face du pays, que l'on chercherait cet appui moral qui seul peut donner de la force à un gouvernement?

Comment ne pas croire que, dans un moment où tout le prestige de l'autorité réside dans la loi, il pût se trouver un homme sérieux qui ne comprît pas combien il importait que nul ne pût attribuer à cette loi une part dans ses souffrances?

Cependant, que se passe-t-il? Que font nos hommes d'État? Cherchent-ils quelles sont les causes réelles de la détresse du pays? Ont-ils quelque souci des promesses faites au peuple?

Réprimer! telle paraît être leur unique règle de conduite.

Aussi aurions-nous peu d'espérance dans l'avenir, si nous n'avions l'avantage de voir de près ces hommes d'élite, qui consacrent toutes les ressources de leur intelligence, de leur talent et d'une étonnante persévérance, à la défense d'intérêts méconnus. A ceux-là toutes nos sympathies; à ceux-là tout notre concours, heureux si nous pouvions nous dire un jour que nous avons porté notre grain de sable, pour combler cet abîme qui sépare le passé de l'avenir.

Aux yeux de nos adversaires, les hommes qui combattent la politique du gouvernement sont des ennemis de la société, des montagnards, des rouges, des socialistes, des hommes qui ne rêvent que bouleversements et destruction; au plus favorable, ils sont frappés d'aveuglement.

Ces adversaires, comme s'ils étaient désireux d'effrayer le pays ou de justifier leurs assertions sur les dangers de la société, s'emparent, avec une satisfaction que trahit leur empressement, d'une pensée échappée parfois à l'homme d'étude, qui n'a devant lui que les règles d'une inflexible logique. Mais ils se gardent bien de rechercher si cette pensée trouve de l'écho dans le pays, et si par conséquent elle est dangereuse. Ils se gardent, avec plus de soin encore, de tenir compte de cet enseignement si judicieux, porté à la tribune par l'honorable M. Victor Hugo, qui nous disait : *Si vous voulez combattre le socialisme, enlevez-lui la raison d'être.*

D'une part : exagération du danger; de l'autre, oubli complet des moyens de paralyser celui qui peut exister; telle est, à nos yeux, la situation.

Eh bien, à notre sens, cette situation est un danger réel, un danger immense. C'est parce que nous en sommes convaincu depuis longtemps, que nous avons recherché, sans passion, sans esprit de parti, avec persévérance, comment il serait possible de fermer l'ère des révolutions violentes, et d'arracher notre pays à une situation précaire, sans lendemain.

Si Chateaubriand a dit avec raison, en 1830, que le culte de la royauté n'existait plus en France, on est bien obligé de reconnaître, après la révolution de février, que le pouvoir est également dépouillé de tout prestige. C'est donc l'autorité seule de la loi qui a survécu à tant de secousses violentes, et c'est en rendant cette loi, dans son ensemble et dans ses détails, protectrice de tous les droits, de tous les intérêts, que nous pouvons raffermir la société sur des bases durables.

Aussi, en disant que la vie à bon marché était le nœud gordien de la situation, nous n'avons pas prétendu faire consister dans ce fait, en lui-même, la satisfaction donnée à tous les intérêts légitimes, ce seul moyen d'enlever au socialisme sa raison d'être; mais nous avons la confiance la plus intime que de ce fait si simple, si secondaire en apparence, découlent sûrement, inévitablement, l'augmentation de la richesse publique et sa meilleure répartition, aussi bien que toutes les réformes que réclament la justice et un véritable esprit de conservation. Ces conséquences sont démontrées par les faits les plus saisissables, les mieux constatés par l'expérience et que chacun peut apprécier comme nous; car nous laissons à d'autres le fruit de longues études; nous ne saurions porter dans cette question, pour notre part, que le résultat de consciencieuses observations à la portée de tous.

Nous demanderons donc s'il est vrai, s'il est bien acquis que le bon marché développe la consommation; s'il est encore certain que le développement de la consommation est le plus grand encouragement à la production, et que le développement de la production conduit à l'élévation du salaire?

S'il restait du doute à cet égard dans quelques esprits, il suffirait, nous le pensons du moins, de leur rappeler les paroles portées à la tribune par l'honorable M. Mimerel. Les voici :

« En 1842, 35 millions de kilogrammes de coton, convertis en tissus, coû-
« taient aux consommateurs 60 millions de francs; en 1847, 66 millions de
« kilogrammes de coton, convertis en tissus, coûtaient 60 millions de francs.
« Et en même temps que le vêtement avait baissé de moitié en cinq années,
« le salaire s'élevait d'un cinquième. »

Voilà, certes, un fait, constaté par un honorable manufacturier, qui rend inutile toute autre preuve : il établit que la consommation a doublé par le bon marché, et qu'avec cette augmentation le salaire s'est également élevé. La vie à bon marché rendant possible la fabrication à meilleur marché encore, donnerait une activité toute nouvelle à la production, en même temps qu'elle porterait au milieu de nos populations agricoles un degré d'aisance, de richesse plus considérable, qui ouvrirait un débouché énorme aux produits de l'industrie.

N'arriverait-il pas alors infailliblement que la consommation des divers produits agricoles deviendrait aussi considérable, dans chacune des parties de la France, que dans les lieux de production? n'en serait-il pas de même des produits de l'industrie?

Maintenant, que l'on se représente le mouvement commercial qui se produirait dans de pareilles conditions, et l'on se fera une idée de la prospérité réservée à notre pays, sous un gouvernement devenu réellement soucieux de ses véritables intérêts. Car il faut bien le reconnaître, on a bien dit, de tout temps, que l'agriculture était la richesse de la France; mais cette richesse, on l'a toujours exploitée dans l'intérêt du trésor royal ou du trésor public; jamais on ne s'est montré soucieux des intérêts de l'agriculteur. A voir la position qui lui a toujours été faite, on est obligé de se demander si sa destinée a toujours été, et doit toujours être, de produire, toujours produire, sans être jamais appelé à jouir des avantages acquis aux autres citoyens.

Mais aujourd'hui que le travail est la première condition d'existence de notre société; aujourd'hui que le suffrage universel a élevé tous les citoyens au niveau de l'égalité, il est impossible que les erreurs du passé se perpétuent; il est impossible que les intérêts du plus grand nombre soient sacrifiés aux intérêts égoïstes de quelques-uns.

Il faut donc, dans l'intérêt de la justice, dans l'intérêt de l'humanité, dans l'intérêt de l'industrie, dans l'intérêt de la société, la vie à bon marché.

Cette solution découle, comme nous l'avons dit, du respect de l'esprit et de la lettre de notre Constitution. En effet, que voyons-nous dans le préambule?

Article I. — Engagement d'amener une répartition de plus en plus équitable des charges et des avantages de la société.

Article VII. — Engagement de concourir au bien-être commun, en s'entr'aidant les uns les autres.

Article VIII. — Engagement de protéger chaque citoyen dans sa propriété et son travail.

Voilà bien l'esprit qui a dicté la Constitution; maintenant en voici la lettre :

« Article XV. — Tout impôt est établi pour l'utilité commune. Chacun y « contribue en proportion de ses facultés et de sa fortune. »

Ce sont là des engagements bien formels; en même temps qu'ils sont l'expression d'une pensée raisonnable, juste, éminemment chrétienne, et nous avons la conviction que tous les hommes d'ordre, tous les hommes consciencieux, tous les véritables amis de l'humanité, accepteront ces principes et en poursuivront l'application, quand ils se seront donné la peine de voir à quel point elle est facile; à quel point elle est dans l'intérêt de tous; à quel point elle importe au salut de la société, au salut de cette France que l'on ne craint pas de dire ingouvernable alors que, depuis deux années, elle prouve, chaque jour, qu'elle ne demande qu'à être gouvernée, et qu'elle a fait tant de sacrifices à l'ordre.

En présence de cette situation, n'est-ce pas un devoir de rechercher ce qu'il peut y avoir, dans nos lois, de contraire aux grands principes que nos pères proclamèrent en 89, et que nous avons consacrés dans toutes nos constitutions depuis cette mémorable époque. En attaquant résolûment tous les abus, ne nous montrerons-nous pas les intelligents défenseurs d'une république sortie d'un cri de réforme, en même temps, que nous assurerons à la société un avenir prospère, en la mettant à l'abri des révolutions violentes, désormais sans motif?

IV.

Les vérités les plus simples ne sont pas les plus facilement acceptées. Les faits les plus évidents ne sont pas toujours ceux que l'on aperçoit les premiers.

A considérer la manière d'agir de nos hommes d'Etat, n'est-on pas disposé à se rappeler ce philosophe, qui, les yeux toujours fixés vers le ciel, pour y chercher la vérité, se jeta dans un puits?

Habitués à voir les hommes et les choses à travers le prisme de la grande politique, ne se trompent-ils pas sur les besoins de notre société, de cette société unique, peut-être, dans l'histoire des nations, dont le travail et l'égalité sont, en quelque sorte, les éléments principaux? Ou bien, pénétrés de ses besoins, refuseraient-ils d'y donner satisfaction? Rien qu'à voir leur méfiance contre le suffrage universel et contre la liberté, ne sommes-nous pas forcé de nous arrêter à cette dernière supposition?

Les intérêts méconnus jusqu'à ce jour, sans force naguère, ne sont plus désarmés; il faut compter avec eux. Il faut compter avec toutes les souffrances. La situation est bien changée! Aussi, ces hommes d'Etat tournent-ils un regard de regret vers un passé qui a fait leur réputation, et c'est dans ce passé qu'ils cherchent leur salut, ou, comme ils le disent, le salut de la société.

Laissons-les à leurs regrets et à leurs espérances. — Nous ne saurions prétendre à les arracher à leurs convictions; cette tâche serait de beaucoup audessus de nos forces, et nos efforts ne serviraient qu'à nous attirer leurs dédaigneux outrages. Leurs adeptes n'ont-ils pas déjà traité notre langage de factieux? N'ont-ils pas dit que si nous n'étions pas aveugle, nous serions criminel?

Adressons-nous à ceux qui, comme nous, en présence de leurs devoirs envers le pays, recherchent consciencieusement la vérité; à ceux qui veulent raffermir la société; à ceux qui, sans parti pris, sans regrets inutiles pour le passé, sans espérances décevantes pour l'avenir, comprennent qu'il importe au salut de tous de donner satisfaction à ces deux lois de notre époque : le

Travail et l'Egalité. Ceux-là, nous en avons la confiance, se donneront la peine de peser nos observations, et nous trouverons chez eux un appui efficace, si nous parvenons à leur faire partager nos convictions.

Constatons les faits acquis à cette discussion, et qu'il nous paraît impossible de contester. Nous disons donc :

Le bon marché développe la consommation.

Le développement de la consommation est le meilleur encouragement à la production.

Le développement de la production, pour les produits agricoles surtout, assure le développement du travail.

Le développement du travail assure l'élévation du salaire.

Maintenant, si nous demandons quel est le travail qu'il importe le plus d'encourager, ne nous répondra-t-on pas : C'est le travail normal, ce travail de tous les jours, se renouvelant sans cesse et sans effort, attachant le citoyen aux habitudes de cette famille dont il lui fait une nécessité, nourrissant, développant dans son cœur ce sentiment religieux dont la famille est en quelque sorte le sanctuaire; ce travail qui offre au prolétaire, pour récompense de ses efforts persévérants, la possession, ce lien si puissant pour rattacher l'homme à la société; ce travail, enfin, qui crée chez lui ces habitudes d'ordre qui lui assurent des ressources pour ses vieux jours, en même temps qu'elles sont une immense garantie pour l'avenir du pays. Mais ce travail, c'est bien certainement le travail agricole. N'est-ce pas celui-là qui se présente sur tous les points de notre territoire? N'est-ce pas lui qui fournit à toutes les nécessités de la vie? La nature du sol de la France, la variété de ses produits, ne lui offrent-elles pas partout un aliment inépuisable? N'est-ce pas l'agriculture qui peut répondre à toutes les exigences de l'accroissement de la population?

Eh bien! s'il était vrai que, par suite d'une coupable incurie ou d'un aveuglement funeste, au mépris des principes proclamés par nos pères en 1789, et consacrés dans toutes nos constitutions depuis cette époque, on se fût montré oublieux d'aussi grands intérêts; que l'on eût laissé l'agriculture se débattre péniblement sous l'étreinte d'un régime fiscal, ruineux pour elle, et dans l'abandon presque absolu de toute sollicitude de la part des gouvernements qui se sont succédé, ne trouverait-on pas dans cette incurie, ou cet aveuglement, l'une des causes premières de ces révolutions périodiques qui, tantôt aux cris de : A bas les droits réunis et la conscription! tantôt au cri de : Vive la Charte! et naguère à celui de réforme! viennent secouer la société jusque dans ses fondements, en trahissant un état de malaise et de souffrance qui anéantissant, de plus en plus, dans notre pays, toute foi politique dans les gouvernements, nous pousse dans ce courant de l'égoïsme, symptôme certain de démoralisation.

Il est temps d'aviser! Il est temps de rappeler la confiance des populations; il est temps de se montrer soucieux des intérêts du pays! Quelle terrible responsabilité pèserait sur nous, si un jour nous étions obligés de répéter ce mot cruel : Il est trop tard!...

Que se passe-t-il? Les bras et les capitaux ont déserté nos campagnes. Ce fait, on le signale tous les jours, on l'écrit partout. Nos économistes, nos savants, nos hommes d'Etat ne cessent de le répéter. L'agriculture est aux prises avec le plus profond dénûment.

Pourquoi cet abandon du travail des champs? Ce travail est-il sans attrait? N'offre-t-il, par lui-même, que dégoûts, que fatigues? La diffusion des lumières a-t-elle donc produit tout éloignement pour le travail de la terre? Que l'on se donne la peine de regarder ce qui se passe sous les yeux de tous.

Aux environs de nos grandes cités, n'est-ce pas la culture qui demande le plus de bras, qui est partout adoptée? Dans ces conditions, les bras manquent-ils à l'agriculture? Dans ces conditions, n'obtient-on pas du sol les produits les plus merveilleux?

Mais alors n'est-il pas évident que ce travail, loin d'être délaissé pour les travaux de l'industrie, est aimé, recherché, entrepris, continué avec ardeur et persévérance, là où il offre un salaire rémunérateur; que partout où la consommation est assurée et facile, le prix du salaire s'améliorant, celui qui manie la bêche, ou la houe, n'est nullement disposé à renoncer à la vie des champs et à l'échanger pour les privations et l'égoïsme de la ville?

Seulement, quand ces conditions n'existent plus, le cultivateur prête facilement l'oreille à la séduction. Il a entendu parler de l'élévation des salaires, des choses merveilleuses qu'il ignorait, et qui sont devenues plus merveilleuses encore par le récit de ceux-là qui ont été appelés, par la rigueur du sort, à parcourir toutes nos cités de garnison en garnison. Oui, alors, il part, fuyant une terre qui lui offre, pour le présent, le travail le plus pénible, avec le salaire le moins élevé, et, pour sa vieillesse, la misère!

Nous le demandons à tous les hommes de bonne foi : ce que nous disons n'est-il pas rigoureusement vrai? Mais alors ne devient-il pas évident que si l'on est préoccupé de l'agglomération trop considérable des travailleurs sur quelques points, si l'on comprend la nécessité de rattacher le citoyen à la société par les liens de la famille et de la propriété, il faut relever l'agriculture de son état de souffrance? Qui donc ne comprendrait pas que tous les intérêts matériels et moraux de la société se trouvent étroitement liés à sa prospérité ou à sa détresse? Qui ne voit pas que les arts, l'industrie, les manufactures, la richesse de nos cités, la force du gouvernement, trouveraient dans l'avénement de 30 millions de citoyens à une ère de prospérité : les premiers, le développement du bon goût, cette conséquence des rapports plus fréquents et du bien-être; les seconds, un nouvel aliment au génie de l'invention; les troisièmes, un énorme débouché pour leurs produits; nos cités, un plus grand nombre de visiteurs, et le gouvernement, cette force qu'il cherchera en vain dans la répression, et qu'il trouverait dans l'appui de tous les citoyens désormais réunis dans un intérêt commun?

Si le salut du pays n'est pas là, il n'est nulle part.

Vous qui prétendez au monopole de l'intelligence, vous dites tous les jours que la société est en péril : eh bien! nous vous l'accordons; mais à qui la faute? Vous dites que la France est ingouvernable : à qui la faute encore? Si vous atteliez un cheval à reculons, est-ce à lui qu'il faudrait s'en prendre, s'il ne faisait pas de travail?

La France nous a dit un mot au mois de février 1848, et ce mot a été une révolution!... En avons-nous gardé le souvenir? Non certainement; car, quelle est la réforme que nous ayons essayée? Vous dites, nous le savons, qu'il faut avant tout rétablir l'ordre et la confiance; que pour cela il faut donner de la force au pouvoir. Mais n'aviez-vous pas un pouvoir fort dans les premiers jours du mois de février 1848, et ce pouvoir, qu'est-il devenu devant ce cri de réforme?... Permettez-nous encore d'appeler votre attention sur l'effet produit par votre politique, cette politique que vous appelez conservatrice; c'est par le fruit qu'il faut juger de l'arbre, vous ne le nierez pas.

Pour rétablir l'ordre, dans les idées sans doute (car, franchement, l'ordre matériel n'est pas menacé), vous avez voulu que vos agents dans l'administration vous fussent dévoués, vous avez changé les préfets et les sous-préfets; ceux-ci n'ont pas manqué de voir que les choses avaient changé depuis le 24 février 1848, ils vous ont dit : Il faut remplacer les parquets. Les parquets ont été renouvelés, les difficultés sont restées les mêmes. Alors est arrivé le tour des juges de paix; malheur à tous ceux qui avaient une origine républicaine, ou que la république avait respectés! Malheur même à ceux-là sur lesquels l'administration ne croyait pas pouvoir compter en toute circonstance!

Cela n'a pas encore paru suffisant, on s'en est pris aux instituteurs, aux maires, aux percepteurs; tous les agents ont été atteints ou menacés dans leur position. Eh bien! pensez-vous que vos idées d'ordre aient bien progressé? Là, franchement, oseriez-vous en appeler au suffrage universel, comme vous l'avez fait en 1848 et en 1849? Êtes-vous même bien pressés de renouveler vos conseils généraux avec le suffrage universel?

Peut-être vivons-nous dans un aveuglement complet des hommes et des choses; mais nous sommes convaincu que, plus nous avancerons dans cette voie, au bout de laquelle la majorité de l'Assemblée voit le salut du pays, et plus nous nous rapprocherons de l'abîme que nous voulons éviter; car, quoi que l'on dise, quoi que l'on écrive, quoi que l'on fasse, on ne parviendra pas à imposer à notre pays le culte de l'autorité. Ce culte s'est éteint dans soixante années de révolutions, qui ont dissipé tous les prestiges. La loi seule la conservé sa puissance.

Aussi, si nous voulons sauver la société, avec quelle sollicitude nous devons veiller à ce que cette puissance unique conserve toute sa force. Et pour cela combien il importe que la loi se montre la protectrice de tous les droits, de tous les intérêts, évitant surtout que dans son esprit, comme dans sa lettre, nul ne puisse trouver aucun de ces caractères qui appellent la méfiance des citoyens!

Voilà pourquoi nous sommes de ceux qui regrettent vivement toute atteinte portée au suffrage universel. Convaincu que la loi est la seule autorité, la seule force qui reste à la société pour échapper à l'anarchie, nous pensons que ce n'était pas trop du concours de tous les citoyens pour la rendre inexpugnable. Quelques abus, inséparables de tout ce qui tient à l'humanité, étaient bien loin de pouvoir entrer en comparaison avec la suppression incontestée de l'exécrable droit d'insurrection; car, quoi qu'on en dise, c'est toujours un exécrable droit que celui de la guerre civile.

V.

Des paroles portées à la tribune par l'honorable M. Mimerel, et que nous avons reproduites, il résulte qu'une diminution de moitié dans le prix des tissus de coton, en doublant la consommation, a conduit à l'élévation du salaire. Mais, puisque l'on pourrait nous objecter que, pour l'agriculture, il ne saurait en être ainsi, parce qu'il n'est pas possible de porter dans les travaux les bénéfices d'inventions mécaniques qui ne lui sont pas applicables, nous devons rechercher si elle ne nous offrirait pas elle-même des résultats analogues.

Nous avons déjà parlé des produits fabuleux obtenus par suite des avantages attachés à une consommation prompte, facile, assurée; que l'on nous permette de revenir un instant sur les conséquences qui découlent de cette situation, elles nous paraissent le mériter.

Chacun sait dans quelles proportions s'est élevée la valeur des terrains, aux environs des grands centres de population, au fur et à mesure de la prospérité qui s'y développait. Que produisent ces terrains, ceux précisément qui atteignent les prix les plus élevés? Des objets que le consommateur paie au prix le plus réduit. N'est-ce pas une chose digne de remarque, qu'à Paris même, les produits du sol, qui ne sont soumis à aucun droit, à aucune entrave, sont d'une valeur inférieure à celle qu'ils atteignent dans nos cités les moins importantes? Et cependant ces produits sont ceux qui demandent le plus de soin, le plus de travail, le plus d'intelligence, le plus de bras, et qui s'obtiennent sur des terrains dont le prix s'élève fréquemment à dix mille francs l'hectare!...

N'est-ce pas là, nous le demandons, un fait considérable? Ne mérite-t-il pas de fixer l'attention de tous les bons citoyens, de tous ceux qui trouvent écrite dans leur cœur cette prescription divine qui nous ordonne de nous montrer secourables à toutes les misères? Car n'est-il pas une preuve que la consommation à bon marché a produit l'accroissement du capital, l'augmentation du loyer de la terre, le développement du travail, l'élévation du salaire, et de plus encore la diminution du prolétariat?

Que l'on ne dise pas que ce fait se rencontre seulement dans quelques positions exceptionnelles. L'expérience de tous les jours n'est-elle pas là pour nous démontrer que partout où l'on crée un chemin de fer, un canal, une route nouvelle, les mêmes résultats se produisent aussitôt? En ouvrant un simple chemin vicinal, n'apporte-t-on pas immédiatement une sorte de bien-être dans les campagnes qu'il traverse?

Il faut bien le reconnaître, il est de ces résultats qui se produisent par mille faits insaisissables, mais qui, dans l'ensemble, révèlent des avantages généraux que l'on est forcé de proclamer. Comment serait-il possible aujourd'hui de contester que partout où l'on développe le mouvement, que partout où les rapports entre les citoyens deviennent plus prompts, plus faciles, la richesse publique, la civilisation font de rapides progrès?

Que l'on dise également en quoi l'homme opulent a vu sa richesse s'amoindrir, parce que beaucoup ont été appelés à prendre leur part des avantages dont il avait la possession exclusive? Cet homme opulent aurait-il pu se transporter de Paris à Versailles dans moins de demi-heure? Eh bien! aujourd'hui, une immense population est en possession d'un avantage qu'il n'avait pas. Oserait-il le regretter?

Allons à Versailles, à Orléans, à Tours, à Rouen, dans toutes les localités déjà pourvues de routes, de canaux, et qui, aujourd'hui, sont en possession d'un chemin de fer, et demandons les résultats déjà produits per cette facilité nouvelle de communication. Partout l'on nous dira que quelques intérêts particuliers, d'abord froissés, ont été obligés de se taire en présence du développement donné à la richesse publique.

Ces enseignements ne peuvent être perdus pour des hommes sérieux et qui, pénétrés du sentiment de leurs devoirs, comprennent qu'il importe de rechercher si, enfin, il n'est pas possible de calmer cette agitation continuelle qui fermente jusque dans les entrailles de la société, et d'enlever tout motif à ces révolutions périodiques qui ont, quoi qu'on en dise, leur raison d'être.

Si une expérience aussi complète démontre les avantages attachés à ces communications promptes, faciles, dégagées de toute entrave; s'il est évident pour tous que ces rapports établis avec les grands centres de population ont pour effet de développer partout l'activité du travail en créant de nouveaux besoins, en multipliant les transactions commerciales; si ces rapports faciles ont pour résultat de développer ce sentiment du vrai qui fait comprendre à chacun que les intérêts sociaux sont étroitement liés entre eux, n'est-ce pas un devoir pour les représentants du peuple, eux, les élus du suffrage universel, de rechercher tous les moyens d'aider au développement de si grands bienfaits, qui, en répandant sur toutes les parties de la France cette émulation dans le travail, cette égalité des avantages dus aux progrès de la civilisation, appelleraient les efforts de tous les citoyens à la conservation d'une société qui sauvegarderait les intérêts du prolétaire aussi bien que ceux du propriétaire, du manufacturier, du capitaliste et de l'artiste?

Puisque l'agriculture est la principale, la véritable source de la richesse nationale; que c'est elle qui peut seule fournir ce travail normal qu'il importe de développer; que sa prospérité assurerait un immense débouché à nos produits industriels, en même temps qu'elle serait une garantie pour l'avenir de la société; nous devons examiner comment, jusqu'à ce jour, l'on a compris ses intérêts.

Peut-être qu'après cet examen nous nous rendrons compte d'une détresse que n'ont pu prévenir trente-cinq années de paix, ni les efforts d'un travail opiniâtre et intelligent.

D'après les principes consacrés par toutes nos constitutions, depuis soixante ans, chacun devant contribuer aux charges publiques en proportion de sa fortune, la propriété foncière devait entrer en première ligne dans l'assiette de l'impôt; c'était naturel, c'était juste. Seulement nous nous sommes demandé souvent comment, alors que l'on proclamait comme un axiome, que pour notre part nous acceptons complétement, qu'il ne fallait pas imposer l'industrie, pourquoi on avait préféré asseoir cet impôt sur le revenu plutôt que sur le capital, c'est-à-dire sur une base fictive plutôt que sur une base très-exactement appréciable. Mais enfin, chacun le reconnaît, l'impôt foncier, malgré toutes les réclamations qu'il soulève, est de tous les impôts le plus proportionnel. C'est néanmoins celui dont le poids se fait le plus durement sentir.

L'agriculteur, réduit à la plus extrême détresse, est toujours prêt à s'exaspérer contre un gouvernement qui lui réclame, avec une inflexible persévérance et une désespérante périodicité, un argent qu'il n'obtient qu'aux dépens des travaux les plus pénibles, des privations les plus cruelles.

Aussi nos hommes d'État nous disent sur tous les tons qu'il faut dégrever la propriété de l'impôt foncier; mais ils se gardent bien de rechercher pourquoi cet impôt est aussi lourd, pourquoi il soulève tant de réclamations.

De son côté, le cultivateur, isolé, absorbé par son pénible travail, recherche autour de lui les causes de sa détresse; car il s'est imposé toutes les privations, il est resté étranger à toutes ces jouissances dont le récit est venu jusqu'à lui: alors il accuse l'impôt de sa misère, c'est son voisin qu'il trouve moins misérable, qui est favorisé, et de là ces jalousies et ces haines qui se reproduiront dans toutes les luttes électorales.

Peut-être qu'il eût été plus moral, plus prudent même, d'éclairer les populations, de chercher à rendre l'impôt moins lourd, en donnant les moyens de le payer sans gêne; on a trouvé plus avantageux et plus facile de profiter des dispositions des esprits.

Nos grands financiers ne paraissent pas disposés à entrer dans de nouvelles voies, car ils prouvent de leur sollicitude pour la propriété en la dégrevant de 27 millions d'impôts directs! Nous avons déjà dit que cela pouvait être habile, mais nous avons prouvé que cet allégement n'aurait rien d'efficace. A-t-on réfléchi aux résultats que pouvaient produire ces éternelles déceptions?...

Mais si nos hommes de finances sont si pleins de sollicitude pour le cultivateur, ils sont sans pitié pour le consommateur, et ils ont si bien fait qu'ils ont réussi à appeler à leur aide, contre ce consommateur *oisif*, le producteur lui-même! Aussi c'était-il un axiome que les impôts de consommation étaient les meilleurs, attendu qu'ils étaient facultatifs, et qu'en réalité celui-là seul les payait qui pouvait le faire!

Nous l'avouons, nous nous sentons profondément affligé, quand nous pensons que depuis plus d'un demi-siècle nous parlons sans cesse de liberté, d'égalité, de fraternité, et même de charité chrétienne, et que néanmoins, lorsque les faits les plus évidents, à la portée de tous, prouvent d'une manière si certaine les effets désastreux de pareilles doctrines, nous soyons forcé d'en démontrer les vices, d'en faire ressortir l'effet déplorable.

Comment le cultivateur, lorsqu'il accusait de sa misère l'impôt direct, ne s'est-il pas fait ce raisonnement si simple: J'ai telle portion de ma terre qui paie dix francs par hectare, telle autre ne paie qu'un franc par hectare également; quelle est celle qui me fait vivre? n'est-ce pas la première?

Sans nul doute une observation aussi simple l'aurait conduit à une appréciation exacte des causes de sa détresse, surtout s'il avait considéré que, lorsqu'il vendait ses produits à un prix aussi réduit, le consommateur les payait à un prix aussi élevé, et nous n'aurions pas assisté si longtemps à cet étonnant spectacle d'un pays gouverné pendant 35 années par la propriété, et n'ayant rien fait pour elle, lorsque le présent et l'avenir se liaient à sa prospérité.

Exploitant avec habileté des souffrances dont le cultivateur n'appréciait pas la cause, profitant même de ce sentiment de jalousie si facile à comprendre chez celui qui vit de privations, en présence surtout d'autres situations, en apparence du moins, plus prospères, nos hommes d'État et nos habiles financiers portèrent toute leur sollicitude, toutes leurs sympathies du côté des impôts indirects.

Ceux-là ne leur donnaient-ils pas le moyen de remplir les caisses publiques, en même temps que la faculté de multiplier à l'infini des emplois pour leurs partisans, sans avoir besoin de se préoccuper de cette répartition proportionnelle, dont nous avons proclamé depuis si longtemps la justice?

Il importait de ménager l'électeur censitaire; il fallait l'encourager dans son dévouement. Aussi ce fut un axiome qui courut de bouche en bouche : que l'aggravation de l'impôt direct était la ressource des temps de guerre; qu'il fallait bien se garder d'y recourir au sein de la paix; que dans les temps de calme tous les efforts devaient tendre à le réduire; qu'il fallait ménager la propriété, la rendre prospère et forte, quand la société n'était pas en danger, si l'on voulait que dans les temps de crise elle pût supporter des charges extraordinaires, pourvoir aux besoins imprévus et sauver le pays par les sacrifices!

Nous savons comment ces prévisions se sont réalisées! Les jours de crise sont arrivés, et les résultats produits par l'impôt des 45 centimes ont prouvé à quel point de détresse la propriété était arrivée avant le 24 février 1848.

Il y avait dans ce fait seul, selon nous, un enseignement irrécusable. Il devait être évident pour tous que l'on s'était arrêté à une idée bien fausse pour apprécier la richesse publique, alors que l'on se fondait sur l'élévation de la rente et sur l'augmentation du produit des impôts indirects.

Il n'en a pas été ainsi : l'on n'a vu, dans ce cri de réprobation contre l'impôt des 45 centimes, autre chose que la répugnance du cultivateur contre l'impôt direct, et plus que jamais l'on a tourné les regards vers le thermomètre de la Bourse et sur l'augmentation du produit des impôts indirects, sans songer, le moins du monde, à s'enquérir si la situation du cultivateur ne suivait pas la progression contraire.

Pour nous, il nous est impossible de le méconnaître, car toutes les nouvelles qui arrivent de nos départements ne nous ne le rappellent que trop : la misère est à son comble dans nos campagnes, et puisque la commission d'enquête sur les boissons, ainsi que la majorité de l'Assemblée, n'ont pas pu, pendant six mois d'études, se pénétrer suffisamment de la nécessité de renoncer aux errements du passé, nous essaierons de démontrer que c'est bien réellement à ce système d'impôts, condamné depuis longtemps par l'instinct populaire, que tant de misères sont dues.

Si nous ne sommes pas assez heureux pour voir que le gouvernement se décide à prendre l'initiative des réformes qui sont dans ses attributions, et que lui seul peut présenter avec avantage, il faut que le pays soit mis à même de se prononcer en 1852. Il faut, c'est notre conviction, que tous les hommes qui ont le sentiment de leur devoir soumettent à l'appréciation de leurs concitoyens les idées qui n'auraient eu aucune chance de succès devant ceux qui proclament que l'impôt des boissons est un impôt proportionnel.

Ayons confiance dans le bon sens du pays. Il comprendra, ayons garde d'en douter, le langage de la raison. Ne lui parlons que celui-là. Laissons, sans inquiétude, s'agiter les mauvaises passions. De quelque manteau qu'elles se couvrent, elles ne sauraient être un danger.

VI.

Nous avons vu dans quelles proportions énormes le bon marché servait à développer la consommation, et il serait impossible de méconnaître combien la richesse publique est intéressée au développement de ce mouvement commercial, conséquence certaine de relations promptes, faciles, dégagées de toute entrave; car nous savons à quel point les intérêts de la production, de la consommation et du travail, sont étroitement liés.

Il est donc incontestablement acquis que tout ce qui entraverait, gênerait ce mouvement commercial; tout ce qui servirait à rendre les rapports entre le producteur et le consommateur non-seulement plus difficiles, mais encore moins faciles; tout ce qui tendrait surtout à rendre moins accessibles les grands centres de population, serait un obstacle au développement du bien-être général, et ne saurait être défendu, non-seulement par ceux-là qui ont dans le cœur le sentiment de la charité chrétienne ou de la fraternité, mais encore par ceux qui, à une âme honnête, joignent l'intelligence la plus vulgaire de la situation du pays.

Il importe donc d'examiner comment le système administratif et financier qui nous régit tient compte de ces enseignements à l'égard de l'agriculture.

Chacun sait dans quelle situation sont, dans la plupart de nos départements, surtout dans les plus pauvres, lès chemins vicinaux et même les routes départementales; cela malgré les sacrifices énormes imposés à nos campagnes, principalement depuis quinze années.

En prenant pour exemple celui de tous ces départements qui nous est le plus connu, et qui, par sa position moyenne, permet de juger de l'ensemble, il nous serait facile de démontrer qu'une meilleure disposition des ressources affectées à l'établissement de nos voies de communication en aurait assuré depuis plusieurs années l'achèvement et le bon entretien; mais cette question prolongerait outre mesure notre discussion : nous y reviendrons plus tard. D'ailleurs, pour bien qu'il y ait de l'importance à faire jouir nos campagnes des avantages d'une bonne viabilité et des fruits d'aussi longs sacrifices; pour bien qu'il soit démontré que c'est là une des causes qui aideraient puissamment à leur prospérité, il est des réformes bien plus importantes encore, puisqu'elles auraient pour résultat certain d'assurer le développement de toutes les améliorations, celle d'une bonne viabilité, comme bien d'autres.

Nous avons vu que nos financiers et nos hommes d'État avaient fait accepter, comme un axiome, que l'impôt de consommation était préférable à tous les autres.

Ces principes une fois admis et proclamés équitables, il ne s'agit plus, d'après la doctrine consacrée, que de faire rendre à l'impôt le plus possible. Chacun sait que, dans ces jours tant regrettés, tel était le langage officiel du gouvernement. Il ne paraît pas avoir changé sous la République.

Nous savons combien on tenait à ménager l'agriculture; elle devait être la ressource du pays dans les jours de crise! Aussi se contenta-t-on de lui demander, par l'impôt foncier, par les centimes additionnels, communaux et départementaux, par les prestations en nature, par l'impôt du sel, par les droits d'enregistrement et d'autres encore, environ 700 millions.

Puisque l'on témoignait tant de sollicitude pour la propriété, la somme était assez importante pour que du moins la protection de l'État fût assurée à l'agriculture? Eh bien! que la grêle, que l'inondation ou d'autres fléaux viennent engloutir ses récoltes, que les épizooties dévastent ses étables, à peine trouvera-t-on, dans les coffres de l'État, l'obole de l'aumône pour la lui distribuer!!!

Mais, au moins, si la population agricole ne devait pas espérer une protection spéciale, elle avait des titres au droit commun. Les dénominations de provinces avaient disparu de la carte de France. Un peuple tout entier, soumis à une loi unique, n'était plus qu'un peuple de frères, devant s'entr'aider les uns les autres. Tous les efforts de ceux qui étaient appelés à diriger les destinées de la France devaient tendre à créer, à l'intérieur au moins, ce mouvement commercial sans lequel il n'y a pas de richesse possible, et que la variété providentielle de nos produits agricoles indiquait si bien. C'est le contraire qui eut lieu! Des doctrines, dont les principes, que chacun a proclamés depuis 1789, semblaient devoir à jamais nous sauvegarder, prévalurent partout.

Aux yeux de nos financiers, les vins, les alcools, le sel, le tabac, le sucre, étaient des objets éminemment imposables. Les municipalités étendirent cette appréciation à tous les produits du sol; les produits manufacturiers seuls ne furent pas placés dans ces conditions. Par une exception particulière, il arriva même que les vins et les alcools, déjà frappés de droits divers de consommation au profit de l'État, furent soumis encore à de nouveaux droits sous le nom d'octrois, tout aussi bien que d'un droit d'entrée au profit du trésor.

Plus de quatorze cents villes ou communes eurent bientôt adopté ce moyen de remplir les caisses municipales. Chacun voulut marquer son passage dans l'administration par de grands travaux; car il était désormais facile de se créer des ressources importantes sans grands efforts de génie; il suffisait d'augmenter les droits d'octroi de 2, 3, 5 centimes par litre de vin. Les bierres, les huiles, la graisse, le foin, la paille furent taxés à merci.

Peut-être que le gouvernement, dont la mission est de protéger tous les intérêts, s'est-il parfois préoccupé du tort fait à l'agriculture par ces incroyables doctrines? Mais ne semble-t-il pas avoir toujours eu pour règle de conduite de soutenir les forts? Dès lors, qu'avait-il besoin de se préoccuper de ces cultivateurs isolés? que pouvait-il d'ailleurs, même au moment de ces déclamations sur la prospérité croissante? le budget ne soldait-il pas en déficit? Le gouvernement pouvait-il dédaigner le dixième qu'il prélevait sur les octrois? Puis, n'avait-il pas adopté le principe de l'impôt de consommation, qu'il proclamait le plus équitable de tous?

Partout s'établirent les octrois. Ainsi, en même temps qu'un système continental ou protectioniste, selon les époques, provoquait une élévation dans les tarifs des douanes étrangères et fermait les marchés extérieurs à nos produits agricoles susceptibles d'exportation, l'impôt de consommation jetait de profondes racines, et les produits du sol n'avaient déjà plus un seul marché libre, dans leur propre pays, dans cette France si fière et si forte de son unité!!!

Surexcitées par cette manière facile de battre monnaie, les villes avaient augmenté leurs dépenses, et le chiffre des droits d'octroi, malgré une fraude énorme, atteignit et dépassa même 80 millions.

Voilà donc des douanes intérieures, frappant les produits agricoles d'une somme énorme, qui s'accroît encore par la fraude d'un tiers au moins. Mais ce n'est pas tout : cette somme de 100 millions et plus s'augmente encore dans de grandes proportions par la manière dont elle se répartit et par la nature des objets sur lesquels elle est prélevée. L'observation la plus vulgaire le prouve surabondamment.

Les droits d'octroi sont à peu près facultatifs, et chacun sait qu'ils sont d'autant plus élevés, que les centres de population sont plus importants; personne n'ignore davantage que les boissons et la viande de boucherie en sont les éléments les plus productifs.

Examinons les conséquences de cet état de choses.

Les produits agricoles ne se vendent-ils pas à un prix d'autant plus élevé que l'accès des grands centres de population leur est plus facile, moins dispendieux? Selon que les demandes de ces grands centres de population sont plus ou moins considérables, les prix ne sont-ils pas plus ou moins favorables? N'est-ce pas cette vérité, si reconnue, qui a fait attacher une aussi grande importance aux chemins de fer? Mais s'il est vrai que les marchés qui nécessitent les approvisionnements les plus considérables servent de régulateurs pour les prix, ce n'est plus seulement de cent millions qu'il s'agit, mais bien d'une somme trois et quatre fois plus considérable. Les propriétaires de la Gironde, comme ceux de la Bourgogne et des autres contrées vinicoles de la France, vendent leurs produits, n'importe la qualité, sous la pression d'un droit de 20 fr. 35 c. par hectolitre, qu'elle qu'en soit la qualité! de telle sorte qu'un hectare de vigne qui produit trente hectolitres de vin commun subit une pression de plus de six cents francs; et encore, pour compléter ce fait, remarquons que cet hectare qui produit trente hectolitres de vin commun ne vaut pas toujours deux mille francs, tandis que, telle autre propriété d'une contenance égale, d'une valeur dépassant trente mille francs, mais ne produisant pas plus de douze hectolitres par hectare, ne paiera que deux cent quarante francs! Patience; l'Assemblée a voté quinze mille francs pour faire une enquête sur un impôt qui produit de semblables monstruosités, et bien d'autres encore!!!

Puis, l'on s'étonne que le cultivateur devienne, comme on le dit, socialiste, c'est-à-dire qu'il perde toute confiance dans ceux qui protestent chaque jour de leur amour pour le peuple, et qui, en même temps, défendent et préconisent des impôts qui ruinent le travailleur en violant tous les principes, et cela sans reculer devant l'abus le plus excessif de la ruse et de cette autorité, de cette force, que cette fois du moins ils tiennent du peuple.

Après les boissons, c'est la viande de boucherie qui figure pour la somme la plus importante dans la perception des octrois. Ainsi que pour les boissons, les droits sont d'autant plus élevés que le marché est plus important. Aussi, ce que nous venons de dire des taxes qui les frappent, s'applique également aux bestiaux. Il suffit d'être allé sur un champ de foire pour se convaincre que les prix se règlent sur les achats faits pour approvissionner nos grands centres de population, et que le prix est d'autant plus favorable que la demande est plus considérable. De là toujours la même conséquence, que ce qui contrarie la consommation dans les grands centres de population, est ruineux pour le producteur.

Ce sont là des vérités tellement incontestables, que nous craindrions de nous mettre au niveau de M. de Lapalisse en insistant plus longuement à cet égard. Seulement, il nous reste à nous occuper d'un point qui nous paraît avoir une grande importance au point de vue qui nous occupe : La production.

Les droits d'octroi, comme tous les impôts de consommation, ont le même caractère, c'est-à-dire qu'ils ne tiennent aucun compte de la valeur des objets qu'ils atteignent. Ainsi, que la viande se vende sur nos champs de foire 30 centimes ou 60 centimes, la taxe est la même. Il est évident qu'il résulte de cet état de choses que les bestiaux d'une qualité inférieure sont placés dans les conditions les plus désastreuses.

Nous savons bien que certains amis des progrès agricoles nous diront que cette injustice les touche peu, parce que, selon eux, elle doit hâter l'amélioration des races. Qu'ils nous permettent de leur répondre que nous croyons d'abord que rien ne justifie une injustice; puis, que nous sommes persuadé que cette injustice conduit à un résultat entièrement opposé à celui qu'ils poursuivent.

En effet, l'agriculture n'a-t-elle pas, pour base première de tout progrès, les engrais? L'augmentation des engrais n'est-elle pas la conséquense de l'augmentation des bestiaux? D'un autre côté, les engrais ne sont-ils pas d'autant plus essentiels que le terrain est moins fertile? Mais qui donc ignore que là où deux vaches de haute taille ne pourraient que végéter misérablement, dix vaches médiocres trouveront une nourriture suffisante? Qui donc ne sait pas qu'il est de telles conditions où il deviendrait ruineux d'essayer de faire prendre de la graisse aux animaux? Qui ne sait pas en même temps que multiplier ces races médiocres, c'est accroître la quantité des fumiers et arriver ainsi à améliorer les terres, et que celles-ci, devenues propres à donner aux bestiaux une nourriture plus substantielle, assurent ces progrès qui, quoi que l'on dise et quoi que l'on fasse, ne peuvent s'improviser?

Si tout cela est vrai, n'est-il pas certain que les taxes qui nuisent au développement de la consommation de la viande sont le plus grand obstacle au développement de cette prospérité agricole que chacun semble appeler de tous ses vœux? Aurait-il été possible d'inventer un système d'impôts plus onéreux pour le producteur? Bientôt nous nous occuperons du consommateur.

Ce que nous venons de dire des boissons et de la viande s'applique à tous les autres produits de l'agriculture; mais comme si ces impôts, tant préconisés, devaient épuiser tout ce qu'il y a de plus odieux dans leur régime fiscal, ils frappent principalement la production dans ce qu'elle a de plus important pour la société : le travail et le progrès, la vigne et les bestiaux.

Nous venons de dire comment les taxes sur les bestiaux nuisaient au développement du progrès. D'un autre côté, est-il une culture qui puisse fournir ce travail normal, ce travail de toutes les saisons, de tous les jours de l'année, à l'égal de la vigne? En est-il une autre qui se rattache au commerce par plus de points? N'appelle-t-elle pas d'immenses travaux de tonnellerie? Ne semble-t-elle pas destinée à donner à nos canaux, à nos chemins de fer, un aliment incessant et incomparable d'activité?

Il était réservé à l'impôt de consommation de neutraliser tous ces avantages vraiment providentiels, par la manière dont il se répartit, par les objets qu'il atteint le plus particulièrement. Il était destiné à offrir le plus grand de tous les obstacles au développement des progrès de l'agriculture. C'est cet impôt qui devait paralyser ce mouvement commercial, source certaine et unique de la richesse du pays; c'est lui qui, en nuisant au développement du travail normal, de ce travail source de bien-être et de moralisation, précipite dans nos villes ces masses de travailleurs attirés par l'éclat d'une prospérité qui ne sera pour eux qu'une déception destinée à se dissiper à l'hôpital.

Oui, l'impôt de consommation est, selon nous, la cause première de toutes les misères, de toutes les souffrances du peuple! Il l'est encore de cette agitation sociale dont on s'effraie tant, et que, dans un aveuglement inouï, on croit pouvoir refouler par la force des baïonnettes. Telle est notre conviction. Et cependant nous ne sommes pas de ceux dont la pensée tendrait à matérialiser les instincts de l'homme; nous croyons, au contraire, qu'un gouvernement digne de sa mission doit tout faire pour ramener, pour maintenir tous les citoyens dans le sentiment de ce qu'ils doivent à Dieu et à la société.

Nous espérons qu'après avoir examiné la question qui nous occupe sous toutes ses faces, d'autres trouveront que nos appréciations ne sont pas sans fondement.

VII.

Les impôts de consommation, chacun le sait, ne sont pas une création moderne, on les retrouve dans les premiers temps de la monarchie, sous mille formes diverses. Réglementés, sous le nom d'aides et de gabelles, en 1680 et 1681, avec l'accompagnement obligé de l'exercice, ces impôts existaient à l'époque de notre grande révolution; mais l'Assemblée constituante, fidèle aux principes qu'elle avait proclamés, les abolit le 19 février 1791. Dès ce moment, les villes n'eurent plus le droit de fermer leur marché aux produits de nos campagnes. Ainsi le voulaient les principes d'unité, de liberté, d'égalité et de fraternité.

Mais après quelques années d'une épouvantable tourmente, terrible agonie d'un ancien ordre de choses, avénement difficile d'une société nouvelle, la France, fatiguée, découragée, épuisée par d'horribles convulsions, était arrivée au Directoire... et le 24 vendémiaire an VII vit rétablir, pour Paris, l'impôt de consommation, sous le nom d'octroi de bienfaisance!... Quelle dérision! Elle était bien digne d'une époque sceptique et corrompue.

Grand nombre de villes suivirent l'exemple de la capitale, et bientôt la loi du 24 avril 1805 ramena, avec le despotisme, un impôt que le souffle de la liberté et de l'égalité avait détruit. Éblouie par l'éclat d'une gloire prestigieuse, la France laissa violer des principes dont il ne lui avait pas été possible d'apprécier toutes les conséquences avantageuses, au milieu de déchirements continuels.

Cependant nous savons qu'il ne fallut rien moins que le bras de fer qui pesait sur la France pour faire accepter les droits réunis, et nous n'avons pas oublié de quels cris unanimes fut poursuivi un pouvoir basé sur la force et sur la gloire, lorsque s'évanouit le prestige sur lequel il était fondé.

Le peuple, comprimé par la force, est bien obligé d'imposer silence à l'expression de sa pensée; mais toutes les fois que, brisant les étreintes qui l'oppriment, il peut faire entendre l'expression de ses sentiments, il prouve avec quel esprit de discernement et de justice, suivant les mœurs et les époques, il sait apprécier les hommes et les choses. L'histoire nous dit à quels atroces traitements étaient parfois exposés les agents de la gabelle, alors que les populations, moins éclairées, les rendaient responsables de l'injustice de la loi.

Aujourd'hui, grâce au ciel, le peuple sait que c'est la loi qu'il faut combattre, mais que l'agent doit être respecté. C'est aussi à la loi qu'il s'en est pris en 1830 et en 1848, comme il l'avait fait en 1815.

Lcs représentants du peuple, les élus du suffrage universel, pourraient-ils rester sourds à un cri de réprobation qui serait l'expression de souffrances réelles, d'injustices avérées? Il est impossible de le croire; car, s'il ne leur suffisait pas d'une pensée chrétienne pour les ramener à un sentiment de justice, le salut de la société, leur intérêt même, leur en feraient un devoir impérieux.

Nous avons examiné les conséquences de l'impôt de consommation à l'égard du producteur et sous le rapport du travail national. Voyons si ces conséquences sont plus favorables à l'égard du consommateur.

Nous avons déjà vu que les impôts de consommation, acceptés comme équitables, devinrent la ressource de toutes les villes ou communes de quelque importance, et ils acquirent une telle faveur, que plusieurs villes de premier ordre supprimèrent les cotes personnelles et mobilières pour les remplacer par une augmentation dans les droits d'octroi; cette augmentation fut destinée à rédimer le trésor public du produit de ces deux impôts.

Il importe dès-lors de savoir quels sont les objets que les impôts de consommation atteignent, dans quelle proportion ils les atteignent, et quels sont les consommateurs qui supportent la plus forte part de ces contributions; car, s'il est juste que chacun contribue aux charges de l'État, en proportion de ses facultés et de sa fortune, il l'est bien autant, qu'il en soit de même, dans la commune.

Parmi les produits atteints se trouvent, en première ligne, les boissons, qui jouissent d'un double privilége, grâce au décret du 25 novembre 1808, car elles paient, outre un droit d'entrée, un droit d'octroi, et sont encore soumises à des surtaxes à peu près facultatives. Eh bien! nous le demandons, quel est le grand consommateur de ces boissons? N'est-ce pas le pauvre? C'est donc lui qui paie la majeure partie de cet impôt, qualifié d'octroi de bienfaisance, bien qu'il paie également la presque totalité des droits perçus dans l'intérêt du gouvernement.

Mais ce n'est pas encore tout. Le prix de ces boissons n'est pas uniforme; pour les vins, par exemple, il varie de 5 fr. à 100 et 150 fr. par hectolitre: ces droits tiennent-ils compte de cette différence? Pas le moins du monde, et quand on le voudrait, on ne le pourrait pas! Ainsi le riche consomme moins que le pauvre, par conséquent il paie moins. Puis le riche paie 5, 10, 20 0/0 sur la valeur du vin qu'il consomme, tandis que le pauvre paie 300 ou

400 0/0! N'est-ce pas là un impôt progressif dans la plus hideuse acception du mot?

Quant à nous, nous repoussons l'impôt progressif s'attaquant à la fortune, parce que, à notre sens, il serait une spoliation et un obstacle au développement du progrès; nous soutenons l'impôt proportionnel, parce qu'il nous paraît être l'expression de la justice; mais nous condamnons l'impôt progressif atteignant le malheureux dans ses besoins, avec l'indignation énergique d'une conscience honnête.

Après les boissons, la viande de boucherie figure pour le chiffre le plus élevé dans le budget de nos octrois; la volaille et le gibier y sont assez rarement compris, et n'y représentent qu'une somme assez secondaire; mais que consomme l'ouvrier et celui qui est le moins favorisé de la fortune, lorsqu'il lui est possible d'ajouter quelque douceur à la vie de tous les jours? N'est-ce pas la viande de boucherie?

Eh bien! a-t-on songé que ce droit devait être perçu non-seulement au poids, mais encore *ad valorem?* Nous avons déjà dit qu'il n'en était rien; et quand on le voudrait, la chose serait encore impossible. Voyons cependant ce qui résulte de cet état de choses.

Ces consommateurs dont nous venons de parler se contenteraient, bien plus, s'estimeraient heureux d'avoir, à des prix réduits, de la viande de qualité inférieure, et cet octroi de bienfaisance rend la chose impossible; car un droit égal, frappant une valeur inférieure de moitié, constitue une différence de cent pour cent sur la part contributive du pauvre.

Voilà donc le pauvre, l'ouvrier, celui qui est le moins favorisé de la fortune, obligé de s'imposer une privation ou de supporter encore une taxe progressive. Est-ce clair?

Ici on nous arrête et l'on nous dit: Vos théories sont combattues par un fait qui s'est produit depuis la révolution de février. Le droit d'octroi sur la viande a été supprimé à Paris, et les bouchers seuls ont profité de cette suppression. Tout le monde, les bouchers eux-mêmes, ont demandé le rétablissement de ce droit.

Est-ce sérieusement que l'on nous opposerait ce fait? Dans les circonstances où le droit d'octroi sur la viande a été supprimé, les arrivages n'éprouvaient-ils pas d'interruption? Dès lors les avantages du monopole n'étaient-ils pas assurés à ceux qui avaient des approvisionnements? S'il est vrai que les bouchers aient demandé le rétablissement du droit d'octroi sur la viande, nous y trouverions la démonstration la plus évidente qu'ils apprécient les conséquences d'un état de choses qui leur assure les avantages du monopole; car nous sommes certain que leur souci pour le consommateur ne va pas jusqu'au sacrifice de leurs intérêts. C'est qu'en effet les droits de consommation ont presque toujours pour résultat d'élever les objets qu'ils atteignent, bien au delà de la taxe qu'ils imposent. Ce fait a été surabondamment démontré par l'honorable M. Fould, aussi bien que dans le rapport sur l'impôt des boissons par l'honorable M. Bocher.

S'il était vrai que la suppression du droit d'octroi sur la viande n'eût profité qu'aux bouchers, qu'on nous permette de demander pourquoi l'on aurait supprimé à Paris les droits d'octroi sur le sucre. La consommation était de dix millions de kilogrammes, le droit de 10 centimes; a-t-on voulu faire jouir les épiciers du bénéfice d'un million? Ici ce n'était pas le pauvre que l'on avait en vue. Sur cette moyenne de consommation, de dix kilogrammes par individu, sa part ne doit pas être bien grande; de plus, la différence dans les prix des diverses qualités n'offre pas cette disproportion monstrueuse que nous avons signalée pour d'autres produits. Pourquoi donc cette suppression? N'a-t-on pas eu en vue de favoriser la production en favorisant la consommation?

Ne parlons plus de cette expérience faite dans un de ces moments qui ont toujours pour résultat de porter une perturbation dans les rapports commerciaux ; car nous serions en droit de suspecter la bonne foi de ceux qui nous l'opposeraient encore.

En nous arrêtant à chacun des objets qu'atteignent les droits d'octroi, nous démontrerions facilement que ces impôts conservent en tous points le même caractère, car ils ne se bornent pas à frapper les vins, les bières, les alcools, la viande; ils atteignent également la graisse, l'huile, le beurre, tous les objets enfin qui constituent la base alimentaire du plus grand nombre; ils ne respectent pas même la *piquette;* ils n'épargnent pas davantage le combustible, l'avoine, le fourrage; de telle sorte que le malheureux qui nourrit un chétif cheval, compagnon de ses fatigues, sa seule ressource pour fournir le travail nécessaire à la subsistance de sa famille, paiera autant de contribution que l'homme opulent en supportera pour le cheval qui doit satisfaire aux besoins de son luxe!

Puis, les grands financiers et les grands politiques nous diront : L'impôt indirect est le plus juste; car, étant facultatif, il est volontaire!

Comment! on impose tous les objets nécessaires à la nourriture de l'homme, tout ce qui peut réparer les forces épuisées par le travail, ce qui peut réchauffer les membres engourdis par le froid et les années, ce qui lui est indispensable pour éclairer les veillées laborieuses? Oui, on impose tout, jusqu'au morceau de sucre qui rendrait moins amère la boisson qui sert à le désaltérer lorsque la fièvre le retient sur son lit de douleur. Puis l'on vient dire que ces impôts sont facultatifs...... Est-ce là comprendre, nous ne dirons pas la charité chrétienne, mais le sentiment d'humanité dans son appréciation la moins exagérée?

Mais non; ce n'est pas parce que l'impôt de consommation est facultatif qu'on le défend, c'est parce qu'il éveille moins que tout autre la susceptibilité du contribuable, c'est parce qu'il n'expose pas à ces réclamations qui sont la conséquence de l'impôt direct, c'est enfin parce qu'il est payé par le plus grand nombre et que nos financiers ont établi que c'est seulement dans ces conditions que l'impôt était productif.

Tout cela a pu être fort habile, quoique profondément immoral; mais aujourd'hui ne serait-il pas dangereux de suivre de pareils errements? A notre temps, la politique la plus habile sera celle que l'on ne pourra jamais convaincre de mensonge, celle qui pourra livrer hardiment tous ses actes à l'investigation de tous les citoyens, celle qui prendra son point d'appui sur le bon sens du peuple, celle enfin qui ne justifiera jamais ni haine ni méfiance.

Qui donc n'est pas obligé de reconnaître que l'impôt de consommation est la négation la plus absolue de cette politique? Un exemple nous le prouvera. Que se passe-t-il à Paris? La commission municipale, pleine de sollicitude pour les malheureux, décide que tous les loyers au-dessous de deux cents francs seront dispensés de la contribution mobilière. Le pauvre reçoit donc un témoignage de sympathie qui peut s'élever de six à sept francs dans une année.

Ce n'est pas tout; cette même commission municipale, toujours de plus en plus jalouse de justifier son désir de soulager le malheureux et d'atteindre les riches, va au delà des prescriptions de la Constitution et de nos principes, car elle établit un impôt élevant progressivement la cote mobilière par catégories, suivant l'élévation de la valeur locative; mais en même temps la commission municipale maintient les droits d'octroi, qui figurent dans le revenu de la ville de Paris pour une somme de 34 ou 36 millions.

Certainement la commission municipale, qui vient de se montrer si pleine de sollicitude pour le malheur, n'a pas la pensée de reprendre avec usure les quelques francs dont elle a fait le généreux abandon. Cependant, si cet ouvrier, dont la vie est le travail, consomme un litre de vin par jour, il paiera 74 francs 27 centimes pendant l'année; si l'on ajoute à cette dépense un kilogramme de viande par semaine, le combustible, le beurre, l'huile ou la graisse qui servent à cuire ou à préparer ses aliments, la chandelle qui l'éclaire, le petit verre d'eau-de-vie de tous les jours, il se trouvera que cet ouvrier, auquel on fait abandon peut-être de 5 francs, est obligé de porter à la caisse municipale une somme vingt fois plus considérable. Seulement, on ne lui demande pas cette somme, on se contente de la lui faire payer, jour par jour, en la confondant avec le prix de l'objet qu'il achète.

Maintenant, la commission municipale oserait-elle dire aux citoyens de Paris : Chacun doit contribuer aux dépenses de la ville dans la même proportion, n'importe la différence de sa fortune. Ainsi, la ville a besoin d'un budget de 34 millions, chaque habitant paiera 34 francs. Eh bien! ce que nul n'oserait dire, l'impôt de consommation le fait bien plus encore : il soustrait au plus pauvre une somme s'élevant à deux, trois et quatre fois, peut-être, cette moyenne de 34 francs.

Mais est-ce là une chose qui se puisse avouer? Une administration n'est-elle pas tenue aux mêmes règles de loyauté, de franchise, qui dirigent l'homme dans la vie privée? Quel est donc celui qui pourrait prétendre à une réputation honorable, s'il se livrait à des actes conformes à ceux que nous venons de signaler? Celui-là ne serait-il pas flétri par l'opinion publique, qui, tout en témoignant de la sympathie à son voisin, emploierait son habileté à lui soutirer vingt fois plus qu'il ne lui donnerait?...

Nous le savons bien, on nous dira : Mais le salaire de cet ouvrier s'élève en proportion de la cherté de la vie; c'est pour lui que la ville entretient des hôpitaux; chaque année, on distribue à domicile d'immenses secours....

Ou nous sommes dans une erreur absolue, ou ce sont là des raisons déplorables, car il n'y a pas dans cette appréciation, nous ne dirons pas le sentiment de la fraternité, mais encore celui de la charité. Comment! c'est avec l'argent du pauvre que vous entretenez vos hôpitaux, que vous portez à domicile des secours; c'est avec son argent encore que vous entretenez l'élévation du salaire? Mais celui que les années et les maladies ont affaibli, celui qui manque de travail, y songez-vous? C'est donc à l'aumône qu'il faut qu'il ait recours? L'on ne se donne pas la peine de réfléchir à ce qu'il y a là d'injuste, d'immoral et de dangereux. Pour nous, nous le résumerons dans ce peu de mots : L'on attire l'ouvrier dans les grands centres de population par un salaire menteur, on le ruine par la cherté de la vie et le chômage, puis on le retient et on le console par l'assistance.

Aussi résulte-t-il de ces savantes combinaisons, qu'après avoir été un danger pour la société, l'ouvrier meurt, il est vrai, à l'hôpital; seulement, avant de mourir, il a pu passer quelques heures entouré de tous les soins de la charité et de la science, à l'abri de l'aspect de cette misère qui fut la compagne de sa vie de travail. Voilà bien l'impôt de consommation. Que l'on regarde, en effet, si, partout où il est le plus productif, il n'offre pas toujours l'exemple de la plus extrême misère à côté de l'opulence la plus excessive!

VIII.

Nous avons vu quelle influence funeste les impôts de consommation exerçaient sur l'agriculture; comment ils tenaient compte des principes d'égalité, de fraternité, même de charité; comment, impôts progressifs, pesant sur la misère, ils avaient pour effet certain, incontestable, de prendre le plus possible d'argent à celui qui en possède le moins, en même temps qu'ils étaient un obstacle au développement de ce travail normal, impérieux besoin de notre société...

Oui! ennemis de tous les progrès, non-seulement ces impôts pèsent sur la misère, mais encore sur la vie, sur l'organisme humain, comme si, suivant l'expression de M. de Lamartine, parlant de l'impôt du sel, on imposait le sang ou les nerfs de l'homme! Ils se résument enfin dans ce peu de mots : Pour le pauvre, une charge énorme, ou une privation!... pour tous, un obstacle au bien-être; pour la société, un péril.

Mais ce n'est pas tout encore. Respectent-ils davantage les principes de liberté, tiennent-ils compte de ce sentiment de dignité, de respect de soi-même, qu'il importerait si fort de nourrir et de développer dans le cœur de tous les citoyens? Sur ces deux points, toute démonstration est vraiment inutile, un aperçu rapide des faits suffira pour que chacun puisse apprécier.

Êtes-vous propriétaire de vignes, fabricant de bières, distillateur? Vous n'aurez pas la libre disposition de vos produits; nul d'entre vous n'en pourra enlever de chez lui telle partie, si faible qu'elle soit, sans avoir au préalable demandé une permission, qu'il sera obligé d'aller chercher, le plus souvent, à 6, 10, 15 kilomètres, et si, par une cause quelconque, il est empêché d'utiliser cette permission dans le temps fixé, elle est sans valeur, et il se verra obligé de parcourir la même distance pour en demander une autre!

Êtes-vous commerçant en gros, en détail, pour les boissons? La liberté, bien plus, l'inviolabilité du domicile n'existeront plus pour vous! En état de suspicion permanente, livrés à l'arbitraire le plus odieux, vous serez passibles de toutes sortes de vexations! Si pour une cause quelconque, indépendante de votre volonté, des agents constatent un déficit, vous serez forcés de subir les conditions d'une transaction arbitraire, si vous n'aimez mieux courir toutes les chances des tribunaux contre une administration qui en épuisera tous les degrés, le trésor public devant solder sa défaite!

Êtes-vous propriétaire, industriel, rentier, appartenant à n'importe quelle condition? Sous l'empire des principes de liberté, d'unité, de fraternité, chaque municipalité, prenant la place des anciens seigneurs, dans les plus mauvais jours de la féodalité, établira des barrières aux portes de nos villes, et là vous serez soumis à un droit de visite!...

Vous êtes un honnête ouvrier, qui rentrez du travail de votre champ; vous êtes un citoyen estimé pour votre probité; toujours vous vous êtes fait un devoir d'obéir à la loi, n'importe: il dépend du dernier agent, préposé à ces barrières, de fouiller jusque dans vos poches, pour se bien assurer que vous n'êtes pas un fraudeur, ce qui devrait être synonyme de voleur! Vous serez contraint, harassé des fatigues d'un long voyage, d'attendre que l'on vous ait fait subir l'humiliante visite de vos malles!

S'il existait un gouvernement assez ombrageux pour ordonner qu'aucun citoyen ne pût se transporter d'un lieu dans un autre, sans être muni d'une permission spéciale; que ce gouvernement exigeât l'exhibition de ce permis à l'entrée de chacun de nos centres de population, aussi bien qu'à la sortie, et cela dans le but de sauver la société, de prévenir tous les crimes, ne crierions-nous pas tous au despotisme? L'opinion publique n'aurait-elle pas bientôt fait justice d'un pareil ordre de choses? L'homme le plus timoré, celui qui s'effraie le plus du tumulte, celui qui redoute le plus la liberté, ne condamneraient-ils pas d'une voix unanime de semblables mesures?

Eh bien! ce que l'amour le plus exagéré de l'ordre, ce que l'esprit de conservation le plus étroit ne nous ferait pas accepter, nous le subissons, nous nous l'imposons le plus souvent nous-mêmes, pour nous assurer des ressources financières parfois peu en rapport avec tant d'indignités; car nous pourrions citer telle ville où les frais de perception, joints au dixième prélevé par le trésor public, s'élèvent à 31 0/0.

Voilà cependant bientôt un demi-siècle que des impôts de cette nature pèsent sur notre pays. Ils ont résisté à trois révolutions qui ont brisé trois trônes! Mais l'on a bien compris qu'ils ne résisteraient pas au suffrage universel! Aussi c'est à lui que l'on s'est attaqué. Heureusement que ces efforts seront impuissants; car le peuple aujourd'hui, c'est tout le monde. Quoi que l'on fasse, la révolution de février accomplira son œuvre; le cri de réforme qui l'a produite n'était pas un vain mot.

La détresse de l'agriculture n'est contestée par personne; mais, à entendre nos hommes d'État, on dirait que cette détresse date de la révolution de février. Il importe de ne pas laisser l'opinion du pays s'égarer plus longtemps; il faut que la lumière se fasse, et nous ne craignons pas de dire que la République et l'impôt des 45 centimes, dont on a tant parlé, n'ont été pour rien dans les causes qui l'ont produite. Seulement, la République et l'impôt ont servi à rendre sensibles pour tous les résultats d'un abandon qui, suivant les expressions de M. le ministre de l'agriculture, qu'il ne faudrait jamais perdre de vue, a préparé un des plus grands périls où la société et le pays puissent être engagés. La révolution n'a fait que mettre à découvert toute l'étendue du mal, en imposant un temps d'arrêt à ce mouvement factice que l'on prenait pour de la prospérité.

Quand nous disons que la détresse de l'agriculture ne date pas de la révolution de février, que ses souffrances ne peuvent être sérieusement imputées à la République, il nous suffira pour le prouver de parcourir le relevé des dettes de la propriété foncière, que l'honorable M. Raudot a puisé à des sources officielles, et qui se trouve dans le remarquable travail qu'il a publié sur la décadence de la France. Nous verrons :

Qu'au 1er juillet 1832, les inscriptions hypothécaires non rayées, ni périmées, s'élevaient à 11,233,265,778 fr.;

Que, de 1832 à 1840, les inscriptions hypothécaires ont augmenté de 1,300 millions, et que la progression est devenue plus considérable à partir de cette dernière époque.

Les prêts hypothécaires atteignaient, en 1840, 519,278,139 francs; en 1841, 491,575,820 fr., et, en 1842, 509,555,003, en même temps que de 1841 à 1847 les droits payés de l'enregistrement, pour ventes d'immeubles, s'élevaient en moyenne, par année, à 95,079,000 fr., tandis que dans les huit années de 1833 à 1840 ils n'avaient atteint, en moyenne chaque année, que 79,157,000 fr.!!! De telle sorte qu'en même temps que la propriété se vendait, par l'impossibilité où était le détenteur de la conserver plus longtemps, les emprunts hypothécaires s'accroissaient dans des proportions énormes, et chacun ne sait-il pas que dans le plus grand nombre de nos départements, dans les plus pauvres surtout, le propriétaire n'emprunte sur hypothèque que lorsqu'il n'a plus de crédit?

Voilà la situation de la propriété, alors que les organes les plus élevés du pouvoir ne parlaient que de prospérité croissante. Avions-nous raison de dire que ce n'était pas à la République qu'il fallait imputer cette détresse? Loin d'en *être cause*, c'est la République, nous en avons la confiance, qui aura la gloire d'arracher le pays à une situation aussi déplorable.

Les travaux de plusieurs de nos collègues sur le crédit foncier, les pétitions qui viennent réclamer chaque jour l'organisation des établissements de ce genre; les projets de réforme hypothécaire sur lesquels nous sommes appelés à délibérer; les nombreuses séances que nous avons employées à discuter les moyens d'arrêter l'usure, qui vient encore ajouter à la misère de nos campagnes, sont des preuves certaines que chacun apprécie la nécessité de réparer les torts de ce coupable abandon, dont M. le ministre juge si bien les conséquences.

Seulement, tous ces projets dictés, nous en sommes certain, par les sentiments les plus honorables, nous font craindre que l'on se soit occupé des effets sans en étudier profondément les causes.

Sans nier d'une manière absolue les avantages des banques agricoles et du crédit foncier; sans contester la nécessité d'une réforme hypothécaire; sans rechercher si des rigueurs nouvelles contre les usuriers n'amèneront pas des résultats opposés à ceux que l'on espère, et si l'enseignement professionnel de l'agriculture n'offre pas plus de dangers qu'il ne promet d'avantages, nous ne craignons pas d'affirmer que tous ces moyens seront des essais impuissants pour guérir le mal.

Malheureusement, beaucoup d'hommes éminents et de bons esprits, placés dans une situation trop élevée pour apprécier les choses dans leur réalité, se sont laissé entraîner par une fausse appréciation de la fortune publique. Nous les avons entendu nous dire sans cesse, et M. le ministre des finances nous le répétait dans la séance du 17 juillet, que l'élévation de la rente et l'augmentation du produit des impôts indirects étaient les meilleurs thermomètres de la prospérité du pays.

Si nous voulions nous dégager un instant de ces idées arrêtées qui nous empêchent parfois d'éclairer notre jugement, peut-être en viendrions-nous à reconnaître que si l'élévation de la rente et le produit des impôts indirects ne sont pas d'une manière absolue la preuve de la détresse agricole, il est du moins certain que ces faits se produisent en raison de la misère croissante de nos campagnes.

Les fonds publics n'avaient-ils pas atteint, avant la révolution de février, le prix le plus élevé? les impôts indirects ne donnaient-ils pas les produits les plus considérables? Eh bien! dans les faits que nous avons produits, n'avons-nous pas vu qu'à cette époque de prospérité tant vantée, les dettes hypothécaires suivaient une progression toujours croissante, en même temps que les droits d'enregistrement pour ventes d'immeubles suivaient la même proportion? Aujourd'hui encore, lorsque M. le ministre des finances nous signale, comme une preuve de prospérité, un accroissement de 11,370,000 fr. dans les droits d'enregistrement, de greffe et d'hypothèque, nous serait-il possible d'y voir une preuve de prospérité pour nos campagnes?

Lorsque M. le ministre dit que les droits sur les boissons ont augmenté de

3,781,000 fr., demandons-nous si ce n'est pas en raison de la diminution des prix de vente que cette augmentation a eu lieu?

Voyons plutôt si le produit de ces droits de consommation n'augmente pas toujours, en raison de l'avilissement du prix de la marchandise dans les mains du producteur?

Quoi! lorsque cet agriculteur, ruiné par les emprunts successifs, dans l'impossibilité d'en payer même les intérêts par le prix avili de ses produits, ou par les sinistres qui le frappent, est réduit à vendre le patrimoine de ses pères pour échapper à l'expropriation, qu'il n'évitera même pas, on s'extasie sur la prospérité du pays! N'est-ce pas ajouter l'outrage à ses souffrances?

Parce que le Trésor public se remplit de ses dépouilles; parce que les capitaux, ne trouvant plus dans nos campagnes de sécurité, même pour l'intérêt, affluent à la Bourse, on crie à la prospérité publique!

Nous en appelons à toutes les consciences, est-il permis de laisser à des appréciations de cette nature une plus longue durée? N'est-ce pas un devoir de les signaler au jugement du pays?

M. le ministre des finances nous signale encore, comme une preuve de l'amélioration du sort des classes laborieuses, une ressource de 28 millions fournie au Trésor, depuis six mois, par les caisses d'épargne.

Que M. le ministre nous permette de lui dire qu'il y a des citoyens, qui comptent par millions, qui ne déposent pas à la caisse d'épargne, que ces citoyens sont voués aux plus rudes travaux, aux plus nombreuses privations, et que ces exemples de la prospérité des uns rend plus poignante encore la misère de ceux qui souffrent.

Peut-être même que l'observation de ces faits lui fera comprendre que c'est vouloir se jeter tête baissée dans l'abîme que de persister dans les errements d'un passé qui a bien pu assurer la prospérité de quelques-uns, mais qui a laissé le plus grand nombre dans la souffrance.

La pente sur laquelle on veut maintenir le pays nous a déjà conduits aux ateliers nationaux; les mêmes causes nous entraîneraient fatalement et irrésistiblement à des conséquences encore plus funestes.

C'est en nous montrant les gardiens fidèles de tous les droits, de tous les intérêts, que nous serons réellement conservateurs. Le jour où nul ne pourra attribuer à la loi une part dans ses souffrances, la loi aura toute son autorité. Recherchons donc avec un zèle consciencieux les moyens de rassurer le présent, sans perdre de vue l'avenir. Peut-être que nous serons surpris un jour de voir combien était facile d'arriver à l'extinction de la misère, sans commotions violentes, sans perturbation sociale, par l'application sincère, loyale, toute chrétienne, des grands principes de liberté, d'égalité et de fraternité, sous l'autorité d'un pouvoir qui prendra pour devise : la vérité dans la politique, la vérité dans l'administration, la vérité dans l'impôt.

IX.

En voyant tant de bons esprits se livrer à des études si considérables, à des conceptions si ingénieuses, pour arracher l'agriculture à cette détresse dont chacun comprend les dangers, nous nous sommes cru en droit de dire que l'on se préoccupait des effets sans en rechercher les causes.

Ces causes nous paraissent si simples, si facilement saisissables, que nous comprenons qu'elles aient échappé à des hommes d'État, habitués à demander à l'érudition, à l'habileté, la solution des problèmes sérieux, et qui ont consacré de longues années au triomphe de doctrines qu'il faudrait désavouer aujourd'hui.

L'histoire de toutes les époques ne nous apprend-elle pas que toutes les fois qu'une idée nouvelle essaya de prendre la place d'anciennes erreurs, elle eut à combattre les puissances du jour, et que les luttes furent d'autant plus opiniâtres que l'idée était plus simple, plus généralement profitable?

Eh mon Dieu! c'est là une conséquence de l'imperfection humaine. Pour bien que nous ayons dans le cœur de nobles pensées, de dévouement et d'abnégation, il nous est difficile de condamner un passé auquel nous nous sommes identifiés, qui a vu naître et grandir notre renommée.

Il peut bien arriver, qu'avertis un jour par un craquemenf horrible, nous soyons forcés de nous arrêter, effrayés d'un immense péril; mais si l'édifice n'a pas croulé, grâce à l'intervention providentielle d'une parole qui a pu conjurer les événements, un jour de calme suffit pour nous rendre à notre optimisme, et, promptement oublieux des avertissements que Dieu nous avait envoyés, nous n'avons plus que des outrages pour celui qui sut diminuer la tempête; sa grandeur avait humilié notre orgueil!

En vain dans ces jours terribles, mais glorieux, saisissant d'une main courageuse l'oriflamme social, vous vous serez jeté au devant de ce peuple que la victoire pouvait égarer, et vous lui aurez crié, lorsque tant d'autres jugeaient prudent de se taire : *Peuple, l'on te trompe!...* En vain, ranimant le courage abattu de tant d'hommes, aujourd'hui si intrépides, mais dont le cœur défaillait alors, vous aurez jeté ces mots: *Confiance! confiance!* si vous vous dévouez au triomphe d'idées qui peuvent éviter au pays le retour d'aussi terribles épreuves, vous ne serez qu'un misérable contre qui nous accumulerons toutes les calomnies, tous les outrages; vous serez un ennemi de la société, et nous en serons les sauveurs!!!

Il en est ainsi de l'humanité; mais le peuple est là qui voit, qui écoute, et qui jugera.

Humble soldat dans l'armée des amis de l'humanité, qu'il nous soit permis de crier, à notre tour, confiance et persévérance! Notre force, c'est le bon droit... Assez et trop longtemps les causes les plus justes en ont appelé aux passions, peut-être était-ce nécessaire, mais aujourd'hui, il n'en est pas de même, le langage du cœur et de la raison suffit. Le peuple est assez éclairé pour n'en pas accepter d'autre.

Nous comprenons que des hommes généreux, témoins de la détresse des agriculteurs, aient été amenés, tout naturellement, à cette pensée, de leur donner les moyens de satisfaire à ce besoin de crédit, qui se fait si généralement sentir par celui qui a épuisé ses ressources.

Nous comprenons que, témoins des résultats obtenus par un travail intelligent, ils prisent bien haut les avantages d'un enseignement professionnel; nous comprenons également qu'affligés des ravages de l'usure dans nos campagnes, ils demandent une protection à la loi. Vraisemblablement que si nous n'avions vu toutes ces choses que par les yeux des économistes, nous aurions fait cause commune avec eux; mais trente années de notre vie, passées au milieu des populations agricoles, nous ont éclairé sur les causes de cette détresse, avouée de tout le monde, aussi bien que sur la valeur de ces accusations d'ignorance et encore sur l'origine de l'usure. Alors, nous nous sommes cru en droit de dire :

Inutilement nous organiserons des banques agricoles; inutilement nous rendrons les emprunts plus faciles. Par ces moyens nous pourrons bien produire, pour quelques jours, un certain allégement. Mais ce bien-être factice ne servira qu'à préparer des déceptions, et peut-être qu'alors, loin d'avoir guéri le mal, nous aurons contribué à l'accroître. Ce qu'il importe, c'est de détruire les causes qui ont rendu les emprunts nécessaires. L'expérience ne nous prouve-t-elle pas que les capitaux engagés dans les améliorations agricoles ont presque toujours été enfouis sans succès?

L'usure s'attaque-t-elle jamais à celui qui peut donner au capital un gage certain?

L'ignorance se produit-elle donc, là où le travail intelligent offre un prix rémunérateur? Ces questions ainsi posées, qui donc ne les résoudrait pas négativement comme nous?

Mais dès lors n'est-il pas évident que c'est en rendant le travail rémunérateur que nous pouvons donner à l'agriculture cette richesse, cet élan si nécessaires au salut de la société, à la prospérité de l'industrie, au développement de toutes les idées les plus conservatrices, et pour cela que faut-il? Rien autre chose que la vie à bon marché dans nos centres de population, comme dans nos campagnes, c'est-à-dire l'application de ce principe qu'ont proclamé toutes nos Constitutions depuis soixante ans, de ce principe qui doit être dans le cœur de tout honnête homme : que chacun contribue aux charges publiques en proportion de sa fortune. Ce qu'il faut, c'est l'abolition de tous ces impôts de consommation dont nous avons essayé de démontrer l'injustice, les déplorables conséquences et l'immoralité profonde.

Nous savons bien qu'il se trouvera de grands économistes et des hommes d'État habiles qui, entassant sophismes sur sophismes, essaieront de démontrer qu'à juste titre notre système financier fait l'admiration de l'Europe, et nous savons encore qu'il se trouvera des majorités pour soutenir leurs doctrines; mais c'est le pays qui a confié ses intérêts à ces majorités qui jugera, et, nous l'avons déjà dit, nous avons confiance dans son bon sens.

Mais, nous dira-t-on, comment voulez-vous que l'agriculteur, réduit à vendre ses produits à des prix si inférieurs, puisse augmenter le salaire du travailleur avec la vie à bon marché? l'un n'exclut-il pas l'autre d'une manière absolue?

Un fait servira mieux que tous les raisonnements à expliquer ce qui, au premier aperçu, peut paraître paradoxal.

Les départements des Charente, comme tous les pays de vignes, étaient, il y a peu d'années, dans une situation qui semblait désespérée; les hypothèques, les ventes judiciaires, allaient chaque année croissant, et l'usure pouvait chaque jour augmenter ses victimes; de bons citoyens, préoccupés, avec raison, d'une situation aussi grave, fondèrent une association qui avait pour but d'assurer un écoulement plus avantageux aux produits de leurs vignes. En même temps, par une heureuse coïncidence, la crainte du choléra avait développé en Angleterre et aux États-Unis la consommation de l'eau-de-vie, qui, mêlée avec de l'eau, était considérée comme un excellent préservatif; de telle sorte, qu'à un écoulement plus facile de ces produits vint se joindre une augmentation dans les prix, et, dans bien peu d'années, ces deux départements virent leur situation changer; les hypothèques, loin de s'accroître, diminuèrent d'année en année; l'usure perdit son action malfaisante; les logements, réparés, reconstruits, annoncèrent une heureuse transformation, et, pour opérer toutes ces merveilles, il avait suffi d'une augmentation soutenue de 15 à 20 francs par hectolitre d'eau-de-vie, soit de *deux centimes à deux centimes et demi* par litre de vin!... Or, chose digne de remarque, c'est que cette augmentation, quoique bien faible, mais soutenue, a porté non-seulement l'aisance et la richesse chez le producteur, mais que le pays entier en a obtenu sa part.

C'est qu'en effet, comme nous l'avons observé, tous les intérêts sont étroitement liés entre eux; ainsi, le vigneron, vendant plus avantageusement ses produits, a bien certainement mieux cultivé sa vigne; ce surcroît de culture a produit un surcroît de travail; ce surcroît de travail a conduit à l'élévation du salaire; l'élévation du salaire a donné la faculté à l'ouvrier de diminuer pour lui et pour sa famille le nombre de ses privations; il a été mieux logé, mieux nourri, mieux vêtu, de telle sorte que, maçons, charpentiers, forgerons, tailleurs d'habits, ouvriers de tous les états, de toutes les conditions, ont trouvé dans l'augmentation de deux centimes et demi par litre de vin, sinon la richesse, du moins l'amélioration de leur sort; et malgré cette augmentation, la vie n'est-elle pas demeurée à bon marché? N'est-ce pas là un exemple qui justifie tout ce que nous avons dit des avantages attachés à la vie à bon marché? Est-ce clair?

Qu'on nous permette néanmoins de présenter encore une hypothèse qui expliquera facilement les résultats produits par une augmentation qui paraît si insignifiante au premier aperçu.

Le département du Gers possède environ 100,000 hectares de vigne, dont les produits sont généralement transformés en eaux-de-vie. En estimant à deux cent mille le nombre d'hectolitres qui sont livrés annuellement au commerce, nous resterons au-dessous de la vérité. Eh bien! admettons pour le moment une augmentation de 15 à 20 fr. par hectolitre, c'est un accroissement dans le capital qui rentrera chaque année dans le département de trois à quatre millions; mais ce capital suivra certainement le même mouvement dont nous parlions il n'y a qu'un instant, la circulation sera donc augmentée chaque année de dix à douze millions, au moins par le seul fait de cette augmentation, et dès lors ce département, signalé en 1849 comme le plus en retard pour le paiement de l'impôt, après la Corse, ne verrait-il pas bientôt, comme les Charente, ses dettes hypothécaires et chirographaires suivre une progression rapidement décroissante? l'usure trouverait-elle encore un aliment, et d'un autre côté, toutes les industries, toutes les professions, tous les autres produits du sol, ne verraient-ils pas de nouveaux besoins assurer un immense développement au travail? Cela est-il contestable?

Maintenant, qui oserait dire que le commerce rendu à la liberté, les barrières qui ferment nos centres de population abattues, le prix des vins n'éprouverait pas une augmentation non-seulement de deux ou trois centimes, mais de cinq centimes et plus?

Il existe un fait que l'on ne s'est pas donné la peine de considérer, et ce fait c'est que l'agriculture a résolu le problème de la production à bon marché, et que c'est un système fiscal, fondé sur le mensonge, sur la violation de tous les principes, qui a neutralisé les avantages de cette solution, appelée par tous les véritables économistes, par les amis sincères de l'humanité.

Qu'on interroge les propriétaires de la Gironde, et ils répondront qu'ils pourraient donner leurs vins de table à trente-cinq centimes le litre, rendu à Paris, après les avoir gardés trois ans, et qu'à ce prix leur prospérité serait assurée.

Ce que nous venons de dire pour la vigne ne s'applique-t-il pas également à l'élève des bestiaux? Le producteur qui livre ses produits sur nos champs de foire à 30, 40, 50 centimes selon les qualités, ne trouverait-il pas une grande aisance, s'il obtenait, avec une vente plus facile de ses produits, une augmentation de dix centimes par kilogramme? et la vie ne serait-elle pas à bon marché, malgré une augmentation qui lui serait aussi profitable?

En suivant une à une toutes les productions soumises à ces infâmes droits de consommation, ne retrouverions-nous pas les mêmes résultats?

Maintenant, reportons-nous dans les différents pays de production, et nous verrons ce malheureux vigneron vivre uniquement de pain de maïs, privé parfois de boire de ce vin qu'il a obtenu par un travail aussi pénible; car le prix qu'il en retire est tellement faible, que, s'il en conservait une partie, elle manquerait pour compléter ce qu'il lui faut pour suffire à sa misérable existence et à celle de sa famille. Nous verrons ce cultivateur vivant de pain de seigle, de blé noir ou de châtaignes, ne pouvant se permettre de consommer quelques kilogrammes de cette viande qu'il vendra à 30 centimes, parce que ce prix est tellement inférieur, que toutes ses ressources pourront à peine suffire à payer ses impôts et à couvrir la nudité de sa famille. Suivons un à un tous les pays de production, et nous arriverons à cette démonstration évidente, incontestable, qu'il semble que l'on se soit étudié à paralyser toutes les richesses dont la Providence s'est montrée si prodigue envers notre pays. Car, que l'on nous dise si ce vigneron, ces producteurs de toute sorte, dans une situation meilleure, continueraient à vivre aussi misérablement! Que l'on se représente l'énorme mouvement d'échange qui résulterait d'un nouvel ordre de choses, de relations faciles, qui porteraient l'aisance là où règne la misère, et, dans un sentiment de douleur profonde, on sera obligé de reconnaître que Dieu a bien doté notre France de tous les éléments de richesse, en même temps qu'il l'a couverte d'une population laborieuse, intelligente, accessible à toutes les nobles inspirations du cœur et de l'esprit; mais que, grâce au système fiscal qui pèse sur notre pays, tant de richesses restent enfouies, tant de nobles instincts se transforment en pensées égoïstes, et tout un peuple, qui devait trouver l'amélioration de son existence dans le travail, est descendu à ne l'attendre que de la faveur et de l'aumône!

Que l'on ne pense pas que ce soient ici de vaines déclamations : nous ne craignons pas de nous engager à prouver que c'est à l'abandon, ou mieux, à la violation des intérêts agricoles, qu'est due cette démoralisation dont on fait si grand bruit, et que c'est à ceux-là mêmes qui s'en prennent aujourd'hui à l'enseignement, à la presse, au théâtre, que savons-nous? au suffrage universel!... qu'il faut renvoyer toute la responsabilité du mal qu'ils signalent en l'exagérant à plaisir; c'est à la peur qu'ils font appel, pour accroître leur autorité, sans se demander si leur refus opiniâtre de donner satisfaction à des intérêts aussi légitimes ne produira pas une exaspération dont il n'est pas permis d'envisager toutes les conséquences sans frémir. Quand ils ouvriront les yeux, ne sera-t-il pas trop tard pour conjurer d'épouvantables convulsions?

X.

Des corps savants, de grands penseurs, ont à plusieurs reprises demandé la solution de ce problème : Pourquoi les populations désertaient les campagnes pour le séjour des villes? Nous, au contraire, nous nous sommes demandé depuis longtemps comment les populations ne désertaient pas entièrement les campagnes pour les villes, et nous nous sommes dit qu'il fallait que le sentiment de la propriété, celui de la famille comme celui de la religion, fussent gravés bien profondément dans le cœur de tous pour qu'il n'en fût pas ainsi; car, depuis soixante années, et depuis plus de trente surtout, l'on a tout fait pour les exciter à abandonner des travaux, de tous les plus pénibles et les moins rémunérés.

Aussi, quand nous entendons tous les jours des hommes qui ont longtemps dirigé les affaires de notre pays, et qui pèsent encore sur ses destinées, répéter à satiété que la propriété, la famille et la religion sont menacées, nous nous demandons, avec un sentiment d'amertume profonde, si ces appréhensions sont sincères, ou si ce n'est pas là un moyen de ramener à eux un pouvoir qui leur échappe.

Où vont-ils donc chercher la preuve de ces accusations qu'ils jettent sans cesse à leur pays, en face du monde entier? Comment! parce que quelques hommes, que la souffrance et la persécution peuvent égarer, accuseront la société; que quelques autres, mus souvent par de nobles sentiments, mais trompés sur les causes de tant de misères, bien faites pour émouvoir une âme honnête, un cœur chrétien, se laisseront aller à combattre la société dans son organisation et formuleront tel ou tel plan de réforme en dehors de tous les intérêts, nous dirons même opposés à tous les sentiments les plus intimes, il sera permis de se faire une arme de ces élucubrations pour jeter l'alarme dans le pays, en lui présentant comme un danger des doctrines que l'on sait bien n'avoir aucune autorité, aucune chance de succès! Non, il n'est pas possible de contenir les sentiments de la plus vive indignation, quand on suit les calculs de cette politique que certains qualifieront d'habile, et que nous appellerons, nous, infâme!

La propriété, disent-ils, est menacée; mais qui donc la menace? C'est sans doute la vile multitude; mais ils ont donc oublié, et ils pensent que nous avons oublié comme eux, que, lorsqu'ils ont laissé s'écrouler, devant la révolution du mépris, ce pouvoir qu'ils avaient fondé et dirigé, qui les avait si bien enrichis, eux et leurs amis, de toutes ses faveurs, la propriété a eu besoin de trouver ailleurs que dans leurs rangs des défenseurs? Ils ont oublié que c'est au peuple tout entier, à cette garde mobile sortie, comme un éclair, de la pensée de l'homme illustre qu'ils n'ont pas rougi de tant outrager depuis, que la France a dû le respect de la propriété? Oui! ils ont oublié, rassurés qu'ils sont par le dévouement de notre brave armée à la cause de l'ordre, que c'est cette vile multitude, manquant de tout, qui a empêché les malheurs incalculables que leur imprévoyance avait si bien préparés.

Non! la propriété n'est pas, ne peut pas être menacée, et, si elle l'était jamais, ces grands hommes d'État nous ont prouvé que ce n'était pas sur eux qu'elle pouvait compter pour la défendre. Nous savons que ce n'est pas dans les jours de périls qu'ils ambitionnent le pouvoir : leurs preuves à cet égard sont complètes. La propriété est sauvegardée, car elle est une condition de l'existence de toute société, et le bon sens du pays lui sera autrement en aide que cette politique habile, qui toujours aboutit à des révolutions violentes, bien propres à compromettre des intérêts qu'ils ne savent défendre que lorsqu'ils ne sont pas menacés.

Mais, selon eux, ce n'est pas seulement la propriété qui est en péril. Tous ceux qui ne trouvent pas la politique de ces grands hommes admirable, logique en tout point, surtout parfaitement loyale, ceux-là sont les ennemis de la famille!!! N'est-on pas autorisé à penser que ces hommes n'entendent rien à ce sentiment intime qui comprend tout à la fois le passé par le souvenir, le présent par le plus pur, le plus vif de tous les sentiments, et l'avenir par l'espérance... C'est dans notre société que des ennemis de la famille seraient un danger!!! Mais, de grâce, regardons autour de nous, descendons dans la chaumière, portons nos investigations dans toutes les classes de la société, et disons-nous si enfin il n'est pas temps de classer ces misérables moyens selon leur mérite. Quoi! voilà un sentiment qui est dans l'humanité et qui est, par-dessus tout autre sentiment, dans le cœur de tout un peuple presque absorbé dans l'amour de la famille, et c'est au milieu de ce peuple, lorsqu'il est tout entier debout, qu'il est armé du suffrage universel, que l'on pourrait attaquer ce qu'il a de plus intime dans la vie, ce qui est la plus grande part dans son existence d'homme, dans son existence de peuple; ce qui est l'élément le plus actif du progrès, du travail; non, ceux qui le disent ne le croient pas; mais c'est parce qu'ils savent que ce que nous disons est vrai, c'est parce qu'ils savent que le pays tout entier subirait, même leur domination, s'ils parvenaient à lui faire croire qu'il est menacé dans ce qui lui tient le plus au cœur; qu'ils cherchent dans leurs calculs infernaux, à l'effrayer... et l'opinion publique ne ferait pas justice de ces pitoyables jongleries!... C'est impossible!...

A les entendre, la propriété et la famille ne seraient pas seules menacées: la religion le serait, selon eux, davantage. Par qui? Toujours, sans doute, par cette ville multitude... Mais où donc ont-ils trouvé la preuve, ces grands observateurs, qui pût donner de l'autorité à leurs assertions?... Ils ne savent donc pas que le sentiment religieux se lie intimement à celui de la famille. Ils ont encore oublié que dans ces moments terribles où ils avaient disparu de la scène politique cette vile multitude allait solliciter les bénédictions du ministre de la religion, pour les arbres de la liberté, comme pour les drapeaux qui allaient les réunir. Mais s'ils entraient dans nos temples, ils seraient témoins de l'attitude respectueuse de la foule au pied de nos autels, et du silence non moins religieux qui accueille la parole de l'Évangile. — Quoi! en voyant tout ce peuple tant calomnié se découvrir avec respect devant un cercueil, ils n'ont pas compris ce qu'il y avait de sublime intelligence dans cet acte instinctif, qui peut-être ferait arriver un sourire de dédain sur leurs lèvres; ils n'ont pas compris que c'était là le sentiment religieux se manifestant dans sa plus sublime et dans sa plus consolante expression, l'immortalité et l'espérance...

L'espérance! N'est-ce pas la seule consolation qui reste au malheureux étendu sur son lit de douleur? N'est-ce pas elle qui soutient seule celui que retient dans un affreux cachot la justice des hommes? N'est-ce pas elle qui permet de vivre à celui qui s'est vu séparé d'un père, d'une mère, d'un enfant? Eh bien! ce peuple qui vit d'un pénible labeur, qui connaît la souffrance, qui sent battre le cœur dans sa poitrine, a le sentiment religieux, car il a besoin d'espérer, et ceux-là seuls lui apprendraient à douter qui voudraient faire entrer la religion dans les calculs égoïstes de leurs idées ambitieuses. Oh! que ceux qui ont reçu la haute mission d'enseigner l'Évangile se méfient de ces nouveaux néophytes, leur alliance leur serait funeste; la conscience, ils le savent mieux que nous, est un for intérieur où nul n'a le droit de s'immiscer, à l'exception du remords et de Dieu. Le peuple leur a prouvé en 1848 qu'il avait su leur tenir compte de l'appel qu'ils avaient fait à la liberté pendant dix-huit années. Plus ils entreront dans cette voie et plus ils verront l'autorité de la religion grandir; car, pour toutes les vérités, la liberté est de tous les appuis le plus certain.

Non, la propriété, la famille, la religion ne sont pas menacées, et si la propriété, si la famille, si la religion, c'est-à-dire la morale, avaient dû cesser de former la base de notre société, c'est bien ceux-là qui s'en proclament les défenseurs qui leur auraient porté les coups les plus funestes, les plus persévérants. Pour le démontrer, ne suffit-il pas de faire un appel au souvenir des honnêtes gens, qui malheureusement ne sont que trop oublieux?

Qu'on nous permette quelques considérations générales.

Quand on étudie isolément chaque question, l'on se trouve arrêté à chaque pas par des obstacles qu'il est impossible de prévoir. C'est ce qu'a démontré la discussion récente qui vient d'avoir lieu au sujet de la loi de 1836 relative aux chemins vicinaux; c'est ce qui arrivera dans la discussion de la loi des boissons; c'est ce qui arrivera toutes les fois que l'on attaquera une seule partie de ce grand tout que l'on peut appeler l'administration matérielle, politique et financière de notre pays.

Ces trois choses forment un tout homogène qu'il faut étudier dans son ensemble pour en apprécier les avantages ou les vices, et arriver ainsi à des réformes sérieuses. C'est vraisemblablement pour n'avoir pas agi de cette sorte, que pendant trente-cinq années de discussion publique on n'a pu aboutir à autre chose qu'à multiplier, à compliquer les rouages qui forment cette bureaucratie dont tout le monde se plaint aujourd'hui.

Les nécessités financières ont leur raison d'être, il faut bien le reconnaître, dans les nécessités politiques, aussi bien que les nécessités administratives ont la leur dans les nécessités politiques et financières, et *vice versâ*.

Une politique sincère, honnête, vraiment nationale, conduira à un système financier et administratif qui aura le même caractère, ou, pour exprimer plus clairement notre pensée, nous dirons qu'il est impossible de porter dans une partie de ce grand tout, de la sincérité, de l'honnêteté, et un véritable esprit national, sans en mettre dans chacune d'elles. Ces convictions devaient nous conduire à voir, dans une réforme radicale, le seul moyen d'arracher le pays à une situation qui l'agite sans cesse et le maintient dans un état d'incertitude et d'anxiété qui lui crée une vie sans lendemain.

Mais, bien que nous ayons compris l'impérieuse nécessité de ces réformes radicales, nous sommes néanmoins convaincu que, de la réforme financière, découleraient inévitablement toutes les autres; aussi est-ce à celle-là que nous attachons notre solution. Malgré cette digression qui nous a paru nécessaire, nous n'oublions pas que nous avons à démontrer la vérité des reproches que nous avons à renvoyer à nos adversaires, qui ne cessent, eux, de nous accuser, au plus favorable, d'être les complices de ceux à qui ils imputent, avec autant de justice sans doute, de conspirer contre des principes et des institutions qu'ils ont constamment méconnus dans leur politique d'action. Voyons plutôt.

Nous avons déjà prouvé comment ils se sont montrés soucieux des intérêts de cette agriculture, qu'ils proclament en toute occasion la véritable richesse du pays. Nous connaissons la situation déplorable où l'a réduite leur grand talent financier; mais il nous paraît nécessaire de revenir sur la moralité de ces hommes qui accusent toujours leurs adversaires d'une pensée de spoliation. Il faut bien que l'on sache de quel côté se trouvent ceux qui veulent le respect du droit.

Il est de ces vérités tellement triviales que l'on éprouve quelque embarras à les répéter; mais il ne s'agit pas de compter avec son amour-propre, quand on regarde comme un devoir de s'adresser à son pays, pour l'éclairer sur ses véritables intérêts. Nous disons donc que, s'il est une vérité incontestable, incontestée, c'est que la différence du prix payé par le consommateur avec celui qu'obtient le producteur se compose des frais intermédiaires, et que cette différence est d'autant plus faible que les rapports sont plus faciles, plus prompts et dégagés de tout obstacle.

Ainsi, si une association d'honnêtes industriels, s'interposant entre le producteur et le consommateur, prélevait de force un droit de 10, de 15, de 100, de 300 pour 100 sur les produits à leur passage dans tel ou tel défilé, ne dirait-on pas que c'est là une atteinte flagrante à la propriété, et un pareil acte ne recevrait-il pas la qualification la plus flétrissante? Eh bien! nous le demandons, les impôts de consommation n'ont-ils pas le même caractère? Comment! vous avez payé votre part d'impôt, pour contribuer, comme il est juste, aux dépenses du pays; vous avez un droit égal à la protection due à tous les citoyens, et non-seulement l'État ne vous défend pas contre les exactions, mais lui-même, s'interposant entre vous et le consommateur, confisque parfois sur ce produit, qui est bien votre propriété, la moitié de sa valeur, et l'on appelle cela protéger la propriété! Mais poursuivons; ce n'est encore là qu'un côté de la question.

Les produits qui sont ainsi traités sont précisément ceux qui servent à tous les besoins les plus impérieux de la vie, et surtout de la vie du travailleur, de la vie du pauvre. Or, s'il est une propriété sacrée, une propriété que doivent respecter ceux qui ont le moins de scrupule et que respecteraient même les industriels dont nous parlions, c'est le salaire de l'ouvrier, ce produit d'un pénible labeur, destiné à l'alimentation de la famille.

Cependant ces défenseurs de la propriété ne trouvent pas d'impôt plus équitable que celui qui se prélève sur cette propriété sacrée, pour tout homme qui porte un cœur dans la poitrine! Oui! ils trouvent admirable de frapper d'une taxe de dix, de quinze, de vingt, de cinquante pour cent parfois, ce capital acquis chaque jour par le plus pénible labeur, et dépensé pour la vie de chaque jour!.. Mais, comme il importe de dissimuler des actes de cette nature, ils prélèvent ces taxes soit sous le nom d'impôts de consommation au nom de l'État, soit au profit des villes, sous le nom d'octroi de bienfaisance!! Et de ce système d'impôts, qui mériterait un autre nom, il est résulté une telle perturbation dans les transactions commerciales, qu'il n'existe plus aucune espèce de proportion dans les prix obtenus par le producteur et ceux que paie le consommateur.

Si bien qu'ici le vin se paiera 114 fr., alors que, même en payant les droits, il ne devrait coûter que 35 fr., et qu'en 1843, cette époque de si grande prospérité, une pièce de vin se vendant à Orléans 12 fr. se payait à Paris 90 fr.!! Si vous dénoncez ces monstruosités aux amis de la propriété, ils en riront, et si vous insistez sur le respect du droit, ils vous répondront qu'il faut satisfaire aux nécessités du budget; que le peuple est habitué à ces impôts; qu'il les accepte sans se plaindre!! Mais aussi ce bon peuple, comme on est plein de sollicitude pour lui! Voyez quels magnifiques palais on bâtit pour le recueillir à sa dernière heure! Entendez-les supputer à combien s'élèvent les frais nécessaires pour porter ce malheureux à son dernier asile; mais ne vous avisez pas de calculer pour quelle part il a contribué à toutes ces dépenses, vous auriez honte de l'assistance ainsi pratiquée!!

XI.

Ne sera-t-on pas obligé de convenir que ces défenseurs de la propriété en comprennent d'une façon étrange les droits?... Mais nous l'avons dit, un système d'impôts de cette nature ne peut pas admettre une politique sincère, honnête; aussi que l'on se rappelle tout ce qu'il a fallu d'habileté aux gouvernements qui ont précédé la République pour prolonger leur existence de quelques années. La société tout entière, enfermée en quelque sorte dans un tourbillon de prospérité factice, excitée dans tout ce qu'elle pouvait embrasser d'idées ambitieuses, ne croyant plus qu'au succès, roulant vers un abîme de corruption qui semblait devoir tout engloutir!! Mais qui donc avait donné cette impulsion? Avons-nous oublié toutes les hontes des élections, tous les marchés conclus, en quelque sorte, à la face du ciel? Qui donc allait trouver cet électeur honnête et surexciter son ambition? Qui n'a pas su tous ces dons faits aux églises, ces juges faisant espérer un accueil plus favorable à ceux qui acceptaient leurs conseils, ces emplois donnés non aux plus dignes, mais aux plus intrigants? Qui donc a ignoré que l'administration n'avait de faveurs et de sollicitude que pour ceux-là seulement qui étaient au nombre des plus dévoués? Eh bien! tout cela était une nécessité. La conscience disait bien haut à ceux qui étaient au pouvoir qu'ils avaient contre eux la voix du pays, et il fallait bien qu'à tout prix ils s'assurassent ce qu'ils appelaient le pays légal. Mais nous savons quelle force ils y ont trouvée, lorsque le peuple, réveillé d'un sommeil qu'ils croyaient plus profond, a soufflé sur eux de sa colère, de son mépris...

Voilà donc ce qu'ont été ceux-là qui se disent les défenseurs de la propriété, de la famille, de la religion! — Ils ont méconnu tous les droits de la propriété; ils ont porté la perturbation dans les familles, en surexcitant partout les idées d'une ambition facile à satisfaire, et ils ont été jusque dans les hameaux les plus obscurs apprendre à chacun à faire marché de sa conscience! Et ils comprennent si bien qu'ils ne peuvent asseoir leur puissance que sur les mêmes moyens, que, pour préparer leur entrée au pouvoir, ils sont rentrés dans les traditions de leur passé, en organisant jusque dans nos plus chétifs villages un système d'espionnage, de délations, d'impertinentes tracasseries, qui pourrait prendre le nom de terreur, si un aussi lâche et aussi misérable système ne méritait pas plus de mépris que de colère.

Voilà pourtant ce qu'ont fait ceux-là qui veulent s'arroger le monopole de sauveurs de la société, et ce qu'ils ont fait, ils le feront toujours; car ils comprennent qu'il leur est impossible de se maintenir au pouvoir dans d'autres conditions. Ne venons-nous pas de voir le plus illustre d'entre eux glorifier le mensonge et la trahison!...

Pour nous qui désirerions *ouvrir au pays la perspective d'une vie tranquille et longue* (1), nous voudrions mettre partout la vérité à la place du mensonge, parce que nous sommes profondément convaincu que le seul moyen de donner une longue vie à une société telle que la nôtre, est d'intéresser tous ceux qui en font partie à sa conservation.

Quand il serait vrai que l'on voulût essayer de faire prévaloir un socialisme sauvage qui serait de nature à enlever à l'homme tout sentiment du cœur, et le réduirait à une sorte de vie mécanique, fonctionnant sous les lois d'une règle commune, nous ne saurions nous en préoccuper; il suffirait, pour nous rassurer complétement à cet égard, de nous pénétrer de tout ce que nous connaissons de la vie de notre société.

Mais ce qui nous inquiète, ce sont ces révolutions violentes, plus promptes que la pensée, qui viennent, avec une sorte de périodicité, nous mettre en présence de l'inconnu; ce qui nous effraie, c'est l'obstination de ceux-là qui ne veulent jamais voir un enseignement dans ces commotions, à notre sens toujours plus significatives.

Ce qui excite toute notre sollicitude, ce sont les privations, les souffrances de la plus grande partie de ce peuple de travailleurs, souffrances dont une grande part peut, avec justice, être imputée à la loi, et qui s'accroissent encore par suite de cette affection de la famille. Si nous nous sentons rassuré sur l'avenir d'un peuple dont toutes les facultés se concentrent, en quelque sorte, entre l'affection de la famille et le travail qu'elle commande, nous devons penser que c'est un devoir bien impérieux d'encourager, de développer ces véri-

(1) Paroles de M. Guizot.

tables éléments d'une vie longue et tranquille, ces deux auxiliaires si puissants de la morale et de la religion.

A chacune de nos révolutions, chaque fois que des crises menaçantes sont venues nous avertir que la société pouvait être menacée de quelque grand péril, nos hommes d'État se sont rappelés de l'agriculture, et ils ont dit bien haut que l'oubli de ses intérêts était coupable, que cet oubli avait créé un des plus grands périls où le pays, la société pussent être engagés... Mais bientôt le peuple laborieux, intelligent, luttant, par le travail et les privations, contre les difficultés d'une situation qui les avait terrifiés, la société reprend son cours ordinaire. Alors, comme si c'était à leur courage, ou à leur génie, que cette tranquillité de quelques jours est due, ils se rassurent dans leur suffisance, pour reprendre tous les errements du passé!!! Puis ils accuseront les populations d'être ingouvernables!!!

Quand on aime son pays, il n'est cependant pas possible de le vouloir exposé toujours à ce jeu terrible des révolutions. N'est-ce pas un devoir de rechercher quelles sont les causes de cette inquiétude, de ce malaise qui tourmente sans cesse la France, et font croire à ceux qui nous gouvernent que la compression seule peut donner cette paix, cette tranquillité qu'ils semblent appeler de tous leurs vœux, mais qu'ils ne savent rien faire pour assurer? Aussi, comme ces vieillards qui sentent que la vie les abandonne, mais qui n'ont pas le courage de mourir, ils se confient à toutes les prescriptions des empiriques dans l'espoir de prolonger de quelques jours leur pénible existence.

Pour nous, instruit par nos observations, dont la vérité est confirmée par les paroles de nos adversaires, nous sommes arrivé à cette conviction : qu'il importait au salut du pays d'arracher l'agriculture à sa situation déplorable, et d'appeler les cinq sixièmes de la population française, occupés à ses travaux, à prendre leur part de ce bien-être qui leur est inconnu, en même temps qu'il fallait assurer aux ouvriers des villes la vie à bon marché.

La réalisation de toutes ces exigences existe dans les conditions admirables de la production de la France, et nous avons indiqué les causes qui semblaient avoir été inventées à plaisir pour paralyser tant de dons providentiels.

Nous allons voir que d'autres partagent notre opinion.

Nous avons dit que les assurances agricoles, en garantissant les produits du sol contre les sinistres que la prudence humaine ne saurait conjurer, étaient nécessaires, indispensables pour encourager le travail et développer la production. Voici comment s'exprime la commission d'initiative parlementaire par l'organe de son rapporteur, au sujet d'une proposition que nous avons déposée sur le bureau de M. le président de l'Assemblée nationale à ce sujet :

« Nous le proclamons tous avec M. Joret, et sans autre étude des faits : parmi les causes trop nombreuses de la détresse de nos campagnes, les sinistres qui frappent leurs produits figurent en première ligne : les grêles, les épizooties, les inondations sont des obstacles aux progrès agricoles, *qui resteront insurmontables tant qu'on n'aura pas créé un système* d'assurances mieux entendu, plus complet que celui auquel sont réduits aujourd'hui les cultivateurs. Oui !

il y a un immense intérêt à améliorer ce qui existe, ou à créer des combinaisons d'assurances plus larges et plus sûres. — *Le crédit, le travail, la confiance, tout en profitera. Dans ces propositions, il y a donc pour nous vérité démontrée.* »

Nous avons cherché à démontrer que notre système d'impôts, en violant tous les principes, était la cause de la misère et que l'abolition des droits d'octroi et des impôts de consommation, *ces véritables douanes intérieures*, assurerait incontestablement la vie à bon marché et, par suite, la prospérité de l'agriculture. Eh bien ! laissons parler M. Passy appuyant, le 20 décembre 1850, le projet de loi ayant pour but d'obtenir pour l'Algérie l'entrée libre de la plupart de ses produits agricoles :

« Messieurs, c'est un grand art que celui de la culture, c'est une des plus magnifiques créations de l'esprit humain que ces défrichements, que ces mises en culture du sol. Mais en aucun temps, dans aucun pays, on n'a vu la culture prendre un grand développement, quand elle n'avait pas un marché étendu, considérable, ouvert à ses produits. — *Si j'allais chercher dans l'histoire, je vous montrerais que toutes les entreprises, tous les progrès agricoles, sans exception, ne se sont réalisés que par l'ouverture et l'agrandissement des marchés.* Je vous montrerais l'Italie, à des époques reculées, *devenant tout à coup un pays d'une richesse rurale immense :* presque tout à coup aussi, grâce aux bénéfices du commerce maritime, les villes se développent, acquièrent, ont des populations nombreuses et riches, demandant aux terres du voisinage beaucoup de produits qui, antérieurement, n'étaient l'objet d'aucune loi. — Je vous montrerais les mêmes faits en Flandre, en Angleterre : partout c'est la réalité des choses : pas de culture sans un grand marché ; donc, pas de culture florissante, prospère pour l'Algérie, si vous ne lui ouvrez pas un marché étendu, si vous la réduisez à ne travailler que pour ses habitants. »

Il serait certes difficile de justifier avec plus d'autorité les principes que nous soutenons, et cependant la commission d'initiative propose à l'Assemblée nationale de ne pas prendre en considération la proposition que nous avons déposée sur le bureau de M. le président. Elle est conçue en ces termes : « Une commission de quinze membres sera nommée dans les bureaux pour rechercher :

« 1° Si les sinistres qui frappent l'agriculture dans ses produits ne sont pas une des causes principales de sa détresse ;

« 2° S'ils ne sont pas un des plus grands obstacles au développement des progrès agricoles ;

« 3° S'il n'y aurait pas un immense intérêt pour la richesse publique à ce qu'il existât un système d'assurances qui permît au cultivateur de se prémunir contre des éventualités que la prudence humaine ne saurait conjurer ;

« 4° Cette commission, reconnaissant que ces assurances auraient pour effet de donner un immense développement au travail national, en ramenant la confiance et le crédit dans nos campagnes, présenterait un projet de loi pour en assurer les bienfaits. » — Oui, la commission d'initiative parlementaire, après s'être exprimée comme nous l'avons dit, déclara que l'Assemblée ne doit pas s'occuper de notre proposition, et M. Passy, ministre des finances aussi bien que simple représentant du peuple, a soutenu et soutiendra l'impôt des boissons et les octrois. — Agriculteurs, n'ouvrirez-vous jamais les yeux? voulez-vous toujours être exploités à merci?

Oui, la France, sachez-le bien, par l'ouverture et l'agrandissement des marchés, deviendrait tout à coup un pays d'une richesse rurale immense; ceux que nous combattons, ceux qui vous dénient les avantages que nous réclamons, viennent de vous le dire en termes formels.

Eh bien! la prospérité de l'agriculture, c'est le développement du travail, de ce travail normal qui conduit à la possession; le développement du travail, c'est l'élévation du salaire; l'élévation du salaire, c'est le développement de la consommation; le développement de la consommation, c'est la richesse publique, s'augmentant dans des proportions incalculables : c'est l'aisance remplaçant la misère, c'est le bien-être retenant les populations dans les campagnes, c'est la vie de famille remplaçant pour les travailleurs une existence nomade, c'est la paix publique assurée, c'est la France sillonnée bientôt de chemins de fer dans toutes ses parties, c'est Paris n'offrant plus cet effrayant spectacle de la plus hideuse pauvreté à côté du luxe le plus excessif. La solution de toutes ces merveilles, sur quoi repose-t-elle? Sur l'application de ce principe écrit dans le cœur de tout honnête homme : L'impôt est établi pour l'utilité commune; chacun doit y contribuer en proportion de sa fortune.

C'est-il donc une si grande difficulté, que l'exécution d'un acte d'une justice aussi évidente, pour que jamais il n'arrive au pouvoir un homme de cœur qui ait assez de courage pour y attacher son nom et mériter les bénédictions de tant de malheureux qui croupissent dans la misère? Témoin de ce que peut l'intrigue, nous comprendrions l'hésitation, si nous étions aux prises avec les électeurs privilégiés; mais, avec l'appui du suffrage universel, rien ne peut nous l'expliquer.

Ah! si M. le président de la République avait un ami, quelles pages glorieuses il pourrait commander à l'histoire!...

XII.

Certes, nous comprenons que l'on ne renonce pas facilement à tout un système d'impôts que l'on a contribué à maintenir si longtemps; nous comprenons encore que l'on craigne de briser d'un seul coup toute une organisation financière; mais serait-il donc impossible de s'engager dans la voie d'une réforme radicale sans tout compromettre, selon l'expression de nos adversaires? N'y aurait-il pas même prudence à entrer dans cette voie pendant que le pays est calme, dans un moment où tout pourrait s'étudier sans obstacle, et ne serait-il pas d'une sage politique de lui prouver que ses représentants veulent étudier profondément des questions qui intéressent à un tel point le présent et l'avenir?

Voilà ce qui nous a inspiré la proposition que nous avons déposée sur le bureau de M. le président de l'Assemblée le 27 novembre dernier; elle est conçue en ces termes :

« Une commission de quinze membres sera nommée dans les bureaux, pour rechercher les moyens d'arriver à une nouvelle répartition de l'impôt, afin de le mettre plus en rapport avec les prescriptions de la Constitution et pour soumettre en conséquence à l'Assemblée ce projet de loi.

Certainement une commission qui serait choisie, non parmi ceux qui sont décidés à repousser toutes les réformes, mais parmi ceux qui les proclament nécessaires, serait une mise en demeure vis-à-vis du pays, qui aboutirait infailliblement, ou à faire prévaloir un système nouveau, ou à déconsidérer ceux qui attaquent le système actuel de nos impôts.

Nous l'avouons, nous croyons que cette commission arriverait à une conclusion qui assurerait une réforme sérieuse, et, pour nous en convaincre, il nous suffit de mettre sous nos yeux le produit des divers impôts qui soulèvent le plus vivement les réclamations ou la réprobation publique. Les voici avec le chiffre des évaluations fixées pour l'exercice 1851 :

Contribution foncière.	256,793,370 fr.
— personnelle et mobilière.	61,624,300
— des portes et fenêtres.	36,626,740
— des patentes.	47,141,160
Taxe de premier avertissement.	817,000
	403,003,070 fr.
Impositions affectées aux dépenses diverses, départementales et communales.	137,009,338
Impositions affectées aux dépenses générales. . . .	265,993,732
	403,003,070 fr.
Impôt des boissons.	100,000,000
Droits divers et recettes à divers titres.	37,760,000
Taxe du sel perçue dans le rayon des douanes. . .	24,000,000
TOTAL. . .	564,772,070 fr.

Ces impôts sont donc, avec les octrois, ceux qu'il faudrait supprimer, pour donner satisfaction aux plaintes les plus vives, les plus persévérantes. Alors s'agrandirait le marché; alors disparaîtraient toutes ces entraves, qui, en portant une atteinte si funeste à la prospérité agricole, poussent les classes ouvrières dans les grands centres de population, par la perspective d'un salaire élevé, qui n'est, pour le plus grand nombre, qu'un mirage trompeur se dissipant bientôt, pour laisser à la place de douces illusions cette affreuse misère, source de tant de vices, cause de tant de dangers.

Est-il donc impossible de remplacer les impôts que nous avons énumérés?

Mais il n'est donc pas vrai que le capital des richesses que possède la France dépasse cent milliards...

L'honorable M. Passy, ministre des finances, aurait parlé sans réflexion, quand il affirmait que l'impôt de 1 pour 100 sur le revenu produirait peut-être 70 millions; mais bien certainement 60.

Certes, nous ne sommes pas partisan de l'impôt sur le revenu; car nous avons en horreur l'arbitraire; cependant nous reconnaissons que l'impôt sur le revenu n'offrirait jamais les monstruosités qui sont la conséquence des impôts de consommation, et quand on considère que, d'après les assertions de l'honorable M. Passy, un impôt de moins d'un dixième sur le revenu pourrait remplacer tant d'impôts ruineux et vexatoires, on se prend à regretter qu'il n'ait pas soutenu, comme représentant, ce qu'il avait proposé comme ministre.

Nous l'avons dit, nous ne sommes pas partisan de l'impôt sur le revenu, non-seulement parce que le revenu est chose fort éventuelle, fort difficilement appréciable, mais encore, parce que, dans notre pensée, l'industrie ne doit en aucune sorte être imposée ; car c'est elle qui exerce la plus grande influence sur l'accroissement de la richesse du pays, et tout doit contribuer à accroître son action bienfaisante. Pour elle, ni entraves, ni impôts, liberté absolue.

Le capital, sous quelque forme qu'il se produise, voilà, selon nous, le véritable régulateur de la fortune individuelle, de la fortune réalisée, celle qui doit par conséquent servir de base afin de fixer la part que chacun doit pour les dépenses d'utilité publique. Eh bien! un impôt d'un peu plus de demi pour cent (de onze vingtièmes), prélevé sur ce capital de 100 milliards, produirait 550 millions, c'est-à-dire une somme supérieure à celles que nous avons énumérées; car elle s'accroîtrait d'une diminution énorme dans les frais de perception. Ainsi celui qui posséderait un capital de 100 mille francs payerait 550 francs d'impôts; celui qui aurait 1,000 francs payerait 5 fr. 50 c. : ce serait moins que l'impôt direct actuel, pour les propriétés rurales placées dans les conditions les moins favorisées, et *tout à coup nous verrions se développer dans le pays une richesse rurale immense, par l'ouverture et l'agrandissement de nos marchés.* C'est l'honorable M. Passy qui nous l'a dit, avec toute l'autorité de l'histoire; c'est ce que nous avons essayé de démontrer par les raisons qui nous ont paru les plus propres à convaincre tous les hommes sincères; car alors auraient disparu tous ces infâmes droits de consommation, qui ont pour effet certain d'immobiliser dans les mains du cultivateur les produits du sol en même temps qu'ils jettent la perturbation dans les affaires commerciales et qu'ils habituent le peuple à se familiariser avec la fraude, cette violation si déplorable de la loi.

Les villes trouveraient, dans l'impôt assis sur les mêmes bases, les moyens de fournir à toutes les dépenses nécessaires; bientôt, ce qui mérite bien d'être pris en considération, la confiance ne tarderait pas à renaître parmi toutes les classes de citoyens ; il ne resterait au pauvre aucun sujet de plainte.

Alors plus de méfiance à l'égard des administrations locales, car chacun saurait ce qu'il paye et pourquoi il paye. Ceci est certes facile à comprendre.

Supposons que, dans une ville qui a une dépense ordinaire de 20,000 francs, Pierre est compris dans cette dépense pour 10, 20, 60 ou 100 fr., dans l'intérêt public le conseil municipal décide qu'il importe de faire un travail qui exige une augmentation de 10,000 fr. : eh bien! alors que Pierre payera 10, 20, 60 ou 100 fr., il saura qu'il a à payer 5, 10, 30 ou 50 fr., et il pourra décider, en parfaite connaissance de cause, si les avantages qu'on lui offre sont en rapport avec le sacrifice qu'on lui demande. Dès lors il pourra, comme tous les citoyens, juger de la confiance que méritent ses délégués. D'un autre côté, le pauvre, qui sera certain qu'on ne lui demande rien, et qu'il est appelé à recueillir sa part des avantages d'une dépense faite dans l'intérêt public, sera intéressé à la défense d'une société qu'il ne pourra jamais accuser d'abuser de son ignorance ou de sa faiblesse. Ne serait-ce pas le coup le plus funeste porté à ce socialisme dont on parle tant? Ne serait-ce pas enlever aux révolutions violentes leur raison d'être?

Mais, nous dira-t-on, comment voulez-vous constater le capital? Certes, nous accepterions, pour notre part, l'impôt volontaire basé sur l'assurance; mais, comme nous nous adressons principalement à ceux qu'effraient les idées trop absolues, nous leur dirons que nous accepterions comme base de l'impôt la déclaration publique. Nous savons qu'en Angleterre l'impôt sur le revenu est établi sur la déclaration affirmée par serment; mais l'honorable M. Benoît d'Azy nous répondrait qu'en Angleterre on croit à la religion du serment, et qu'en France il n'en est pas ainsi.

Il est certes déplorable de voir jeter ainsi à son pays, dans toutes les circonstances, les reproches d'immoralité. Sans revenir sur les causes que nous avons assignées à cette démoralisation dont se plaignent le plus souvent ceux qui ont tout fait pour la surexciter, nous nous contenterons de dire que, pour notre part, nous serions complétement rassuré par la publicité des déclarations contrôlées par le suffrage universel; mais à ceux qui n'ont pas la même confiance nous dirons que, le jour où ils voudront sérieusement, sincèrement atteindre le capital dans une aussi faible, aussi équitable proportion, il leur sera facile de trouver des moyens de contrôle qui rassureront les plus exigeants et que ces moyens de contrôle ne seront jamais aussi vexatoires, aussi onéreux, aussi injustes surtout, aussi contraires à tous principes de liberté, d'égalité et de fraternité, que ceux que nécessite l'impôt de consommation.

Maintenant que nous avons expliqué toute notre pensée, que nous avons exposé toutes les conséquences de la vie à bon marché, qu'on nous permette de demander s'il n'est pas vrai que la solution que nous présentons est une solution honnête; s'il n'est pas vrai qu'elle peut être étudiée et tentée sans danger pour le pays; s'il n'est pas vrai qu'elle serait un allégement énorme pour les classes ouvrières, pour les classes pauvres?...

Oui, la question qu'il importe de résoudre, et de résoudre sans retard, est celle-ci :

Est-il plus rationnel, plus équitable, plus conforme aux véritables principes économiques, dans ce pays de démocratie, de demander l'impôt à celui qui possède ou à celui qui ne possède pas? au capital ou au travail?

Si nous ne nous hâtons pas de prononcer, le peuple le fera en 1852... Quelle terrible responsabilité nous ferions peser sur nous, si nous laissions à ce peuple trompé dans sa confiance le droit de croire qu'il n'a rien à attendre de la justice, que désormais il n'a plus qu'à compter avec sa propre force!!...

Qu'on y réfléchisse!.....

www.ingramcontent.com/pod-product-compliance
Lightning Source LLC
LaVergne TN
LVHW010036230826
846091LV00005B/1735

* 9 7 8 2 0 1 1 7 8 4 0 7 0 *